U0894858

本书为国家社科基金一般项目“数智赋能专精特新企业高质量发展的影响机理与路径研究”、江苏省社科基金青年项目“江苏促进数字技术与实体经济深度融合研究”（22EYC014）的阶段性成果

南京社科学术文库

数实融合的逻辑与路径

郑琼洁◎著

中国社会科学出版社

图书在版编目（CIP）数据

数实融合的逻辑与路径／郑琼洁著．—北京：中国社会科学出版社，2023.9
（南京社科学术文库）
ISBN 978－7－5227－2317－4

Ⅰ.①数…　Ⅱ.①郑…　Ⅲ.①制造工业—数字化—研究—中国　Ⅳ.①F426.4－39

中国国家版本馆 CIP 数据核字（2023）第 139843 号

出 版 人　赵剑英
责任编辑　孙　萍　涂世斌
责任校对　闫　萃
责任印制　王　超

出　　版　中国社会科学出版社
社　　址　北京鼓楼西大街甲 158 号
邮　　编　100720
网　　址　http://www.csspw.cn
发 行 部　010－84083685
门 市 部　010－84029450
经　　销　新华书店及其他书店

印　　刷　北京君升印刷有限公司
装　　订　廊坊市广阳区广增装订厂
版　　次　2023 年 9 月第 1 版
印　　次　2023 年 9 月第 1 次印刷

开　　本　710×1000　1/16
印　　张　13.5
插　　页　2
字　　数　176 千字
定　　价　75.00 元

《南京社科学术文库》编委会

序

党的二十大报告强调："加快发展数字经济，促进数字经济和实体经济深度融合，打造具有国际竞争力的数字产业集群。"[①] 数字经济作为一种新经济形态，是数字技术特别是以互联网、云计算、3G/4G/5G 通信、人工智能等新一代信息技术大规模商业化应用并对经济社会运行各环节广泛渗透的产物，代表着世界新一轮科技革命和产业变革趋势和发展方向。一方面，新一代信息技术的加速商业化应用，使得数字技术对应的产业部门即数字产业化迅速壮大，在宏观经济中占据越来越重要的地位。另一方面，新一代信息技术渗透融入经济社会运行的各个领域，全方位、大幅度降低了数据生成、采集、处理、传输、分析各环节的成本，使数据资源能够在全社会范围内实现大规模、低成本的利用，从而为其广泛使用并成为新关键要素创造了前提条件。在此过程中，衍生出消费互联网平台、产业互联网平台等新业态新模式，数字经济和实体经济也由此而不断融合。

新发展阶段下，发展数字经济有助于构建新发展格局实现高质量发展。根据马克思政治经济学经济循环的相关论述，经济社会运

---

① 习近平：《高举中国特色社会主义伟大旗帜　为全面建设社会主义现代化国家而团结奋斗——在中国共产党第二十次全国代表大会上的报告》，人民出版社 2022 年版，第 30 页。

行的本质上是以生产为起点、消费为终点、分配和交换为中间环节的动态循环过程；或者说，经济社会运行可抽象为具有相互继起关系的四类活动，即生产、分配、交换（流通）和消费[①]。构建以国内大循环为主体，国内国际双循环相互促进的新发展格局，关键在于打通生产、分配、流通、消费各环节的堵点断点，畅通经济循环。而人类社会的经济循环过程又都伴随着物质流/能源流、资金流、信息流的传递和流转。畅通经济循环的最终结果应该是，生产环节产出的商品/服务（物质流）能够快速、精准地从供给侧配置到需求侧。为完成商品及服务交付，需要消耗一定的能源，如交换（流通）过程中能量耗费，并进行资金的交割结算。在完成上述活动，实现经济循环过程中，会产生相应的信息流。不同经济形态和文明发展阶段下，受制于当时的信息通信技术和信息交流方式，物质/能源、资金、信息等在经济循环中流转的模式存在较大差别。数字经济时代，新一代信息技术的大规模商业化应用，全方位降低了数据信息收集、处理、分析、传输、交互等成本；数据信息获取使用的即时性、便利性得以大幅提升，成为经济社会运行的新关键要素，为信息流引导物质流、资金流，加速经济循环，构建新发展格局提供了有力的支撑。发展数字经济还将为高质量发展提供基础性支撑。从供给侧来看，经济高质量发展要求实现“质量变革、效率变革、动力变革，提高全要素生产率”，而数字经济作为新经济形态，最为突出的特点就是经济运行效率的大幅提升。在微观层面，基于数字技术的广泛渗透和应用，不仅产生大量数据资源，还能够从中迅速提炼出有效信息，并在生产消费各环节中实时传递，

① 《〈政治经济学批判〉导言》“生产与分配、交换、消费的一般关系”中有如下相关表述：“生产表现为起点，消费表现为终点，分配和交换表现为中间环节……我们得到的结论并不是说，生产、分配、交换、消费是同一的东西，而是说，它们构成一个总体的各个环节，也支配着其他要素。”《马克思恩格斯全集》第46卷（上册），第26—36页，人民出版社1979年版。

提升生产经营各环节、各主体、各要素之间的协同性，从而提高全要素生产率。在宏观层面，数据要素所具备的非竞争性、（部分）非排他性等技术—经济特征，使之能够同时应用于多个不同场景，发挥上述协同性和效率提升作用，最终体现为对经济发展的放大、叠加、倍增效应。从需求侧来讲，高质量发展应该更好地满足“人民日益增长的美好生活需要”，在新时代意味着更多满足收入水平提高后的多元化、个性化需求。而以平台经济为代表的各种数字经济新模式，通过挖掘长尾市场、提供个性化产品服务等方式，能够更好地满足消费者需求，带来更多消费者剩余。

促进数字经济和实体经济深度融合，既符合数字经济发展的客观规律，也是推动中国数字经济持续健康发展的必然选择，更是推动企业数字化转型、建设现代化产业体系、实现经济高质量发展的必由之路。包括消费互联网和产业互联网在内的数字平台是数实融合的重要载体。未来，发展产业互联网，加快制造业和传统领域数字化转型是推动数字经济和实体经济深度融合的重点方向。当然，在此过程中也面临诸多挑战，需降低产业数字化转型门槛。事实上，加快产业数字化转型、推动数字技术特别是新一代信息技术与实体经济深度融合，需要大量投资对传统产业进行全方位数字化改造。对于长期存在融资困难的中小企业而言，难以一次性投入大额资金，面临着现实的资金约束。此外，全面数字化建设可能带来的企业整体运营效率的提升很难与投入一一对应，难以准确核算出每一项投资的具体回报，会遭到企业的质疑。为此，有必要立足中国现实国情，摒弃急功近利的做法，将各地特色优势与工业互联网等数字基础设施的技术特点相结合，创新运行运营模式，通过降低成本引导企业实施数字化转型。

郑琼洁研究员的《数实融合的逻辑与路径》紧扣“推进数字经济和实体经济深度融合”这一重大现实问题，开展了较为系统的理论和实证研究，是一本优秀的学术作品。在理论层面，梳理了数实融合的三重基本逻辑和内在机理。在实证层面，构建了数字经济与实体经济融合的指标体系，对各城市数实融合发展情况进行了测度与对比，从定量角度分析了数实融合发展的优势与问题；相关结果可为各地区、各城市推动数实融合发展提供有价值性的参考。本书的一个特色是，围绕数实融合实践开展了大量调研。作者团队深入走访了各行业实体经济企业上百家，发放数千份调查问卷，提炼数实融合实践中的典型模式、主要特征及存在问题，为企业实施数字化转型提供了实际参照。郑琼洁研究员勤勉专注于数字经济相关研究，近年来取得了较为丰硕的学术成果。希望更多的青年学者投入数字经济相关领域研究，共同推动数实融合与中国数字经济建设高质量发展。

蔡跃洲

2023 年 4 月 15 日

前　言

党的二十大报告指出："建设现代化产业体系，坚持把发展经济的着力点放在实体经济上，推进新型工业化，加快建设制造强国、质量强国、航天强国、交通强国、网络强国、数字中国。"① 发展数字经济，特别是促进数字经济与实体经济深度融合，壮大实体经济与现代产业体系已经成为中国重要的经济工作任务。当前，中国经济发展正面临需求收缩、供给冲击、预期转弱三重压力，中国新阶段的经济增长动力已经转向以数字经济为代表的新经济引擎，因此在这一历史时期研究数字经济与实体经济融合的基本逻辑与实现路径对于助力中国式现代化发展具有重要的理论价值和现实意义。

中国数字经济与实体经济的融合存在供给和需求两方面的现实迫切：从数字要素的内生供给看，实体经济的大规模需求为数字技术依托实体经济的应用场景源源不断地提供有效的数据要素供给。从经济社会的需求层面来看，很多传统产业领域面临着日益严格的生产要素、资源环境等约束，亟须通过数字技术、数据要素赋能突破传统生产方式的瓶颈，通过再造生产流程、重塑产业格局、重构

① 习近平：《高举中国特色社会主义伟大旗帜　为全面建设社会主义现代化国家而团结奋斗——在中国共产党第二十次全国代表大会上的报告》，人民出版社2022年版，第30页。

商业生态，从而进入新的增长阶段。因此，应充分利用由国内超大规模市场和完备产业体系所积累的海量数据，并结合中国供需创新碰撞制造的丰富应用场景，持续促进数字技术和实体经济融合的深度和广度。一方面，以产业数字化促进农业、制造业、交通、物流、金融、商贸等传统领域的转型升级，提升全要素生产率；另一方面，以实体经济为数据要素供给的不竭源泉，从需求端拉动数字技术和应用场景的迭代升级，做强数字产业化，打造数字经济核心产业国际竞争力。

本书紧扣数字经济与实体经济融合发展理论与实践，挖掘其内在逻辑、探索实现路径。主要包括“时代背景与内涵特质”“现状基础与发展趋向”“基本逻辑与内在机理”“综合测度与对比分析”“典型案例与模式分析”“企业视角与微观实证”“发展路径与对策建议”等内容，并辅以附录研究报告“江苏纺织行业智改数转发展模式及案例研究”。

本书特色：一是形成了扎实的融合理论体系，本书提出数实融合的“技术供给支撑体系”“需求融合拉动体系”和“运行融合保障体系”，以及“数字技术—数字保障—数字思维”三位一体的三螺旋结构发展路径以促进经济社会向更高层级、更高质量发展。二是构建了科学的融合测度框架，依据国家政策规划以及国务院、发改委、各部委等针对各领域的专项规划与指导意见及最新政策要求，并结合国家统计局、新华三集团数据经济研究院与中国信息通信研究院云计算与大数据研究所共同发布的《中国城市数字经济指数白皮书（2020）》的指标体系及比重，本书构建了数字经济和实体经济融合的指标框架。三是调研了丰富的融合实践案例，本书深入走访各行业实体经济企业上百家，探访数实融合的模式、特征与问题；发放数千份调查问卷，在扎实调研的基础上进一步为数实融合提出具有可操作性的政策建议。

目　录

第一章

数实融合的背景、内涵与意义

数字经济是继农业经济、工业经济之后的主要经济形态，正深刻重塑着当前世界经济和人类社会面貌，已成为世界各国提升国家竞争力、建设现代化经济体系的新引擎。如美国凭借领先的科学技术打造数字经济全球优势，欧盟以领先的数字治理规则打造统一的数字经济生态，英国依托数字政府完善数字经济整体布局等。中国同样十分重视数字经济的发展。在G20大阪峰会的数字经济特别会议上，习近平主席强调，要共同完善数据治理规则，确保数据的安全有序利用；要促进数字经济和实体经济融合发展，加强数字基础设施建设，促进互联互通；要提升数字经济包容性，弥合数字鸿沟。这为中国进一步推动数字经济创新发展、更好与实体经济融合指明了方向。数字经济与实体经济融合是助力中国高质量发展的重要举措之一，是历史演进的必然趋势、社会发展的客观规律和经济增长的自然选择。

第一节 数字经济与实体经济融合的背景

一 历史演进规律：数据成为最活跃生产要素

从历史演进来看，最活跃生产要素的变迁是主导宏观经济管理变革的基础力量，在特定的历史发展阶段，国民经济运行的资源配置主要围绕这一要素展开，而且这一要素一旦进入经济循环极易引发组织模式变革与技术扩散，甚至成为拓展经济增长可能性边界的主要来源[①]。如农业时代的土地，经济发展主要体现在土地扩张和农业产出的增加；工业时代的资本，经济发展主要体现在资本积累和大规模标准化生产。

数据作为数字时代的关键生产要素，不仅丰富了劳动、资本、土地、能源、技术等既有生产要素的集合，而且可进一步改造各种要素，为各种要素重新赋能[②]。数字技术的蓬勃发展和快速普及，让人们的消费行为、社交形式、生产方式、支付手段乃至认知模式都发生了重大改变。哪怕刚开始社会大众将它作为例外情况看待与处理，但随着这种反常越来越多，意味着科学革命的发生，新的范式会逐步出现并最终代替原有范式，数字经济也会实现变革。

数字经济作为专有名词最早出现在 20 世纪 90 年代，但在 50 年代数字技术就开始成为支撑经济活动的动力引擎[③]。中国的数字经济萌芽于 1994 年的正式接入互联网，发展大致包括三个阶段：

---

① 陈昌盛、许伟：《数字宏观：数字时代的宏观经济管理变革》，中信出版社 2022 年版，第 2 页。

② 白永秀、宋丽婷：《数字经济对经济活动影响的政治经济学分析》，《兰州大学学报》（社会科学版）2021 年第 4 期。

③ 石勇：《数字经济的发展与未来》，《中国科学院院刊》2022 年第 1 期。

一是1994—2002年的“萌芽期”，数字服务领域开始萌芽，Wi－Fi进入公众视野，出现腾讯、新浪等社交网站，为数字经济腾飞提供了技术准备；二是2002—2012年的“孕育期”，手机网民规模破亿，淘宝网购、微信支付和物流信息服务等新商业模式迅速崛起，为数字经济提供了丰富的数据；三是2012年至今的“蓬勃期”，数字经济发展水平逐渐成熟，特别是在新冠疫情暴发后，数字政府、数字办公、数字旅游和数字丝路等得到了有序发展[①]。

二　社会发展趋势：数字经济引领社会效率提升

以数据要素和数字技术为支撑的数字经济，能够为推动实体产业转型发展提供新动能，对经济高质量发展具有重要作用。越来越多的数字技术融入社会经济中已成为当前发展的基本事实，也是未来社会发展的大趋势[②]。

在微观层面，数字经济已成为构建企业核心竞争力和突破发展瓶颈的基石[③]。数字经济正在颠覆传统企业的成本、价格、数量盈利模式，并通过范围经济和规模经济结合的方式创造除企业产品之外新的利润来源，扩宽企业规模，扩展企业市场范围，让企业之间的联系更加紧密[④]。数字经济通过范围经济与规模经济的作用实现互联互通，扩大了市场规模；市场规模的扩大又将引发生产规模的扩张，这就改变了原有的单一的盈利模式，形成了多元化的盈利

---

① 彭红枫、梁子敏：《“双循环”新发展格局的金融支持研究》，《经济与管理评论》2021年第5期。

② 任保平：《数字经济引领高质量发展的逻辑、机制与路径》，《西安财经大学学报》2020年第2期。

③ 杨新铭：《数字经济：传统经济深度转型的经济学逻辑》，《深圳大学学报》（人文社会科学版）2017年第4期。

④ 江红莉、侯燕、蒋鹏程：《数字经济发展是促进还是抑制了企业实体投资——来自中国上市公司的经验证据》，《现代财经》（天津财经大学学报）2022年第5期；赵志君：《数字经济与科学的经济学方法论》，《理论月刊》2022年第2期。

模式。

在中观层面和宏观层面，数字经济能实现行业及产业技术知识的高效交流、经验共享，非排他性知识可被企业免费获得，进而通过产生知识溢出效应降低整个产业成本，从而获得帕累托改进。从产业角度来看，数字经济有助于整合式协同创新，构建创新生态系统，带动整个产业链升级，实现协同创新发展。从生产要素角度来看，数字经济能实现更高层次的资源优化配置和新的资源配置方式，提高了规划和决策的科学性。从供需结构角度来看，数字经济能推动生产方式模块化、柔性化、社会化转变，并重塑供给结构，挖掘有效市场需求，通过数字技术实现更高效的搜索和匹配，实现供给需求正反馈效应，从而优化供需结构①。从公共品供给角度来看，数字经济通过大数据技术帮助政府实现公共服务的精准供给、各部门之间的高效合作、加速政府与市场的融合，使市场和计划的融合得到完善，数据共享成为可能，政府可以更好地做出科学规划以推进治理体系和治理能力现代化②。

三　经济增长动力：数字经济赋能经济高质量发展

随着大数据、区块链和人工智能在各产业中的广泛应用，数字经济深刻影响着经济、社会发展的各个方面，正以一种更加成熟的姿态成为未来世界经济发展的重要动力③。新古典经济学增长理论认为，经济增长的来源包括人力资本、物质资本等生产要素的优化以及生产效率的改善。数字时代，除了优化既有生产要素、提高生

① 何大安、许一帆：《数字经济运行与供给侧结构重塑》，《经济学家》2020 年第 4 期。

② 陶金元、王晓芳：《数字经济驱动创新发展的挑战与对策》，《宏观经济管理》2021 年第 6 期。

③ 杨栋、张宇婷、胡登峰：《数字经济赋能高质量发展路径研究——基于长三角一体化中心城市的组态分析》，《华东经济管理》2021 年第 10 期。

产效率、改善资源配置方式外，数据已作为新的生产要素纳入经济模型，全方位赋能经济增长。

第一，数字经济通过优化可投入要素的数量和质量，使产出增加。以索罗模型为例，传统经济主要通过增加要素投入或调整要素比重，即增加参数 K（资本）、L（劳动）或调整 K、L 投入比重，让产出接近产能（潜在 GDP）。数字技术可以更为精准地将生产要素和生产资料再分配于不同部门，更好地保证经济增长对要素的持续性和充分性需求，并能形成规模效应，既可以增加可投入要素的数量，也能提高可投入要素的质量。

第二，数字经济以更丰富的生产要素和更高效的生产函数提高资源配置方式。一方面，传统经济增长模型通常只包含 K、L 两个关键变量，但随着人工智能、大数据、云计算等数字技术的发展与广泛应用，学者们考虑将一些新的要素纳入经济增长模型中，如在新增长核算框架中加入数据要素（D），构造生产函数 Y = Af（D，K，L）。另一方面，传统经济理论对于增长函数的假设非常严格，数字经济时代互联网等信息技术提高了信息或数据的边际产出，改变了增长函数的形式。同时，数字技术为产业带来的微观特性，如网络外部性、双边市场等，会引发总产出产生类似指数增长的情况[①]。

第三，数字经济通过技术进步改变全要素生产率。一方面，作为技术进步促进经济增长的“常规路径”，云计算、人工智能等新技术的涌现改善了生产效率，促进了经济增长。另一方面，商业模式的创新也在不断助推经济高质量发展。在数字经济背景下，中小企业能相对容易地进入市场，由此诞生出一些新的商业模式，这不

① 荆文君、孙宝文：《数字经济促进经济高质量发展：一个理论分析框架》，《经济学家》2019 年第 2 期。

仅能创造新需求，还能更精准地匹配供需两端，促进经济增长。

综上所述，数字经济促使数字要素和其他要素自由流通、精准匹配，优化了资源配置，使得产出尽可能靠近生产可能性曲线以及扩张生产可能性曲线。生产要素优化使生产点尽可能靠近生产可能性曲线，即在既定的条件下实现产出最大化，生产效率提升则是将生产可能性曲线外推，如此循环往复，相互迭代，最终实现经济长期高质量增长。

第二节　数字经济与实体经济融合的内涵

一　数字经济与实体经济融合的内涵

作为随互联网的发展而兴起的经济形态，数字经济早期主要与电子商务相联系，随着信息通信技术的进步和新产业、新业态、新模式的涌现，数字经济不断赋予经济活动新内涵。数字经济是指以使用数字化的知识和信息作为关键生产要素，以现代信息网络作为重要载体，以信息通信技术的有效使用作为效率提升和经济结构优化的重要推动力的一系列经济活动。实体经济是以物质实体为基础，以三大产业为主体，以人的需求为导向，利用工具、知识和技术通过生产和流通产品和服务实现实际价值创造的经济形态。融合性、依赖性、共享性是数字经济的显著特征，其发展与建设离不开实体经济，其数据来源于实体经济，经过加工后又应用于实体经济。数字经济时代，数据资源成为继土地、人力、资本、技术之后的重要经济发展要素，数字经济与实体经济的融合能够优化资源配置、促进产业升级、推动社会进步。《中华人民共和国国民经济和社会发展第十四个五年规划和2035年远景目标纲要》认定“数字经济”是推动中国经济发展的重要手段，提出推动数字经济和实体经济深度融合，打造具有国际竞争力的数字产业集群。中国信息通信研究院调研显示，2021 年，全球 47 个主要国家数字经济增加值规模达到 38.1 万亿美元，占 GDP 的 45%。其中，中国数字经济规模达到 7.1 万亿美元，占 47 个国家总量的 18% 以上，位居世界第二。数字经济发展速度之快、辐射范围之广、影响程度之深前所未有，赋予了经济社会发展的“新领域、新赛道”和“新动能、新优势”。2021 年 6 月 3 日，国家统计局发布的《数字经济及其核心产业统计分类（2021）》指出：“数字经济是指以数据资源作为关键生产要素、以现代信息网络作为重要载体、以信息通信技术的有效使用作为效率提升和经济结构优化的重要推动力的一系列经济活动”。中国在数字经济领域具备优势，可以渗透实体经济的各个方面[①]。加快产业数字化转型，不仅可以帮助中国数字经济占国内生产总值的比重达到甚至超过发达国家的水平，以制造业为核心的实体经济也会实现提质增效的发展。

二　数字经济与实体经济融合的特质

数字经济与实体经济融合发展的本质是通过产业实体和产业数据的结合增值和互补优化，进而提升实体经济的发展韧性与创新能力。整体上看，数字经济的发展包括三大方面：生产制造智能化、产业体系高端化、业态模式创新化。

（一）生产制造智能化

制造业是实体经济的关键与核心，对保持经济和社会持续健康发展具有重要作用。制造业是世界各国国际竞争的重点领域，发达国家纷纷出台政策振兴本国制造业。生产制造的数字化是数字经济

① 北京大学新结构经济学研究院：《“十四五”期间推动数字经济与实体经济深度融合发展路径研究》报告。

与制造业融合的必然趋势，利用数字化技术实现生产信息的数字化与集成化、物流配送的集约化与智能化、交易结算的便捷化与移动化。利用智能化技术，赋予产品和服务智能特性，增强产品的核心竞争力；利用大数据准确分析市场需求，制定差异化的营销措施，提升企业服务水平与客户满意度。深度融合数字技术，打造智能化的场景与应用，增强客户体验，丰富服务内涵。

（二）产业体系高端化

数字技术的发展，加速了产业体系与产业链、价值链的数字化、智能化、网络化转型，使得产业链的各个环节更加高效、精准和可控。传统产业的数字化转型升级也进一步促进了产业链的高端化发展。数字化技术的不断应用，使得生产过程更加智能化和自动化，从而提升了生产效率和质量。传统的供应链管理往往存在信息不对称、信息孤岛等问题，导致供应链效率低下和库存积压。数字化可以通过物联网技术、区块链等手段，实现供应链的信息共享和管理，提高供应链的透明度和管理水平，从而降低库存积压和供应链风险。例如，基于区块链技术的供应链金融平台可以实现对供应链上每一个环节的融资和资金流转的实时监测和跟踪，提高供应链的资金流动性和效率。同时，数字经济的推动也使得产业链的各个环节更加紧密协同，从而实现了资源共享、信息共享和风险共担。数字经济的发展，使得产业链的整体效益得到了极大的提升。

（三）业态模式创新化

数字经济以其平等、开放、协作、分享、智能、实时等特征，重新整合实体经济各类产业要素、完善发展传统实体组织生产关系，实现商业模式、管理模式、生产模式、创新模式、营销模式的变革。数字经济能够通过精准供需匹配、消除冗余环节、降低中间损耗提升运作效率。当前，正在实现从消费互联网到产业互联网的转变，实体经济与数字经济充分融合，从市场需求、创新创意、研发设计、快速响应、快捷物流、用户体验多个维度创新经营业态与商业模式。人工智能的广泛应用，使人机合作变得至关重要，必然在科学技术、行业发展、社会结构等方面产生巨大的变革。

第三节　数字经济与实体经济融合的意义

数字经济与实体经济的融合受到国家层面和省市层面党和政府的高度重视，成为"十四五"时期助力中国经济高质量发展的关键布局。习近平总书记多次强调实体经济的重要性，强调经济发展任何时候都不能脱实向虚，作为国之命脉的实体经济是综合国力的表现。数字经济融入实体经济将从以下几个方面为实体经济注入新的活力、带来新的蜕变。

一　加快供给侧结构性改革，激活经济发展新因子

数字经济作为当前经济发展的主要驱动力，在推进供给侧结构性改革方面作用突出。传统实体经济的发展是一种"供给创造需求"的模式，盈利模式主要依靠规模经济。而在数字经济与实体经济融合背景下，具有个性化的产品和服务需求得以释放，这种新的特征即"需求引导供给"，这将倒逼产业的创新迭代速度。特别是在数字技术与生产制造等新型技术结合的背景下，基于数字技术的定制化生产和智能化制造将对促进制造业的产品创新起到至关重要的作用，形成经济发展的新动力。

数字经济在加快实体经济供给侧结构性改革上主要有四大着力点：

一是增加供给主体。伴随数字化浪潮，新业态、新模式不断涌现，新兴数字平台降低中小企业参与门槛，伴生大量中小企业，包

括零售业的电商、餐饮业的外卖、网络娱乐的直播等。这些新供给主体有差异化竞争的强烈愿望，敢于承担风险，大胆创新产品和服务，致力于提高消费者体验，通过更灵活的商业模式、更丰富的业态形式，提供品质更高、体验更佳、服务更便捷的产品和服务，打破传统市场格局，促进市场竞争。

二是优化供给方式。工业时代，国家的经济社会运行基础是传统生产要素，进入数字时代，数据催生新产品、新业态、新模式。各国纷纷将数字经济视为实现经济复苏和可持续发展的关键依托。数据是畅通数字经济循环的“血液”，数据的流通和利用是数字经济发展的重要动能。通过分析和应用大数据，数据要素价值被不断挖掘，有利于提高资源配置效率和生产效率。同时，围绕数据从创造、收集、加工到应用延伸形成新的产业链，能有效促进数字经济的专业化分工，提高全要素生产率。

三是提升供给质量。过去，供需结构错配已经成为经济运行中较为突出的矛盾，突出表现为无效和低端的供给过多，有效供给和中高端供给不足。高科技特别是数字技术带来创新空间，在与场景结合过程中出现大量替代型产业和业态，特别是大数据、人工智能等技术的应用和工业互联网发展，使得大范围、多样化、个性化、高端化定制成为可能。适应供给侧结构性改革和消费升级的需求，企业应用新技术加快数字化转型，加大产品和服务创新，给用户带来更好的体验和更高的效率，提升产业整体供给水平。

四是提高供给效率。在线协同正在取代工业时代基于封闭体系的命令传导，成为数字经济的基本合作范式。数字经济主要通过线上或线上线下相结合的方式提供服务，不受场地、距离、时间的限制，具有很大的便利性，节省了资金和时间成本。尤其是在新冠疫情的背景下，在物理时空流动性受限的情况下，在线成为“必选项”，通过线上线下协同，提供了大量碎片化的场景和就业机会，使得交易成本不断下降，市场活力得以保持和持续激发。

二　推动要素资源高效整合，拓展生产组织新模式

数字经济改变了传统经济的生产方式、组织模式，促进了对价值链、产业链和创新链的提升优化，拓展了实体经济的发展空间，实现从“供给创造需求”向“需求引导供给”的发展模式的转变。在数字经济新背景下，以数字化平台的创新应用，推动碎片化要素资源的有效整合，不仅极大地提升了资本、土地、技术、劳动力等传统生产要素的配置效率，也加快促使生产者和消费者、供需双方实现直接交易，利于各类要素资源向优质企业和产品的加速汇聚，实现市场需求和高质量供给间的有机结合，提高产业的附加值和科技含量。以制造业为例，数字要素的融入有效提高了制造业的生产效率，有助于制造业结构优化升级。推动由劳动密集型转向为智能制造的飞跃，涌现出网络化协同制造、个性化定制、服务型制造、智能化生产等新模式、新业态，为制造业高质量发展带来新的发展活力。数字经济与实体经济深度融合产生出新业态，也催生创造出新的产品供给和市场消费需求。在供给端方面，在新一代信息技术创新驱动下，数字经济与产业的高质量融合，不仅催生出人工智能、智慧医疗、信息通信等新产业，也创造出无人机、智能机器人、新能源汽车、超高清视频等新型产品。在需求端方面，数字经济作为经济增长新动能的作用日益凸显，时刻影响着居民的消费模式和生产生活方式，促进了生产生活方式与居民消费之间的循环升级。

三　赋能实体经济转型升级，增强创新发展新动能

实体经济是国民经济的核心和基础，是国家竞争力的根本来源，数字经济赋能实体经济直接关系到产业结构优化、发展方式转变和增长动力转换等社会经济发展问题。数字经济与实体经济融合发展，提升了实体经济的发展水平与创新能力，推动了传统产业的智能化、数字化、网络化步伐，全面重塑产业链、价值链和供需链，产业发展迈向了中高端水平，形成一批具有国际影响力、拥有自主知识产权的创新型企业和高端产业集群。此外，数字经济对农业有改造提升的作用，实施“互联网 + 农业”，借助于现代信息技术对农作物生长过程等进行全方面的可视化表达、信息化管理，推进农产品生产、加工、存储、销售等重点环节的数字化升级，发展高效农业、绿色农业、质量农业，打造依靠信息技术的现代农业产业体系、生产体系和经营体系，培育新型农业经营主体，健全农业社会化服务体系。数字经济对制造业也有赋能提升作用，促进制造业资源的高效配置，实现要素供求、生产者和消费者之间的精准对接，从而能够创造出更多具有高附加值的产品和服务。新产业、新业态、新模式都是以数字技术创新应用为牵引，以数据要素价值转化为核心，以多元化、多样化、个性化为方向，经产业要素重构融合而形成的商业新形态、业务新环节、产业新组织、价值新链条，是推动数字经济高质量发展的活力因子，具有强大的成长潜力。

四　加速国际秩序重构进程，打开国际竞争新局面

数字经济与实体经济的融合，尤其是在“双循环”的新发展格局下，数字经济促进实体经济高质量发展有利于构建新的国际分工体系，进而推动效率变革、动力变革和价值创造，促进国际秩序的

重构。另外，数字空间的发展不像传统物理空间一样受到距离、交通的影响，由于数字产品的规模经济与零边际成本的特征，数字经济的发展存在非常强的“先行者优势”，这将推动互联网、大数据、云计算、区块链、人工智能等高新技术与传统产业融合发展，助力聚变效应和辐射效应的产生，在激烈的国际竞争中占据更加有利的地位，为城市高水平开发、高质量发展提供重要保障。

在信息化经济时代，除了传统的生产要素，内生化的知识技术创新也有力地推动了经济的高质量增长。当前，经济增长贸易发展和产业分工日趋全球化，数字技术作为城市发展的核心要素，大型跨国企业成为推动全球经济发展的主导力量和主要载体，促进生产要素在全球范围内得到高效流动，在一定程度上也实现了资源在国际上的优化配置。

第二章

数实融合的现状基础与发展趋向

习近平总书记指出，数字经济发展速度之快、辐射范围之广、影响程度之深前所未有，正在成为重组全球要素资源、重塑全球经济结构、改变全球竞争格局的关键力量。中共中央、国务院印发的《关于构建更加完善的要素市场化配置体制机制的意见》将数据与土地、劳动力、资本、技术等传统要素并列，作为关键生产要素。数字要素与数字技术可以贯穿实体经济的研发、生产、流通、服务和消费全流程，优化传统生产要素的配置效率，推动全价值链协同；同时也可以作为核心生产要素，直接参与价值创造过程。本章对中国数字要素、数字技术及其与实体经济融合的基础和现状加以分析并对国内外数字经济与实体经济融合的发展趋向进行梳理总结。

第一节　数字经济与实体经济融合的现状基础

一　数字基础设施加速建设

2022 年政府工作报告指出要加快建设数字信息基础设施，为产业数字化和企业数字化转型提供动力支撑。2021 年 9 月，工信部等八部门印发《物联网新型基础设施建设三年行动计划（2021—2023

年)》，全国各地纷纷将新型基础设施建设作为“十四五”规划重点内容，加大投资力度，实施“新基建”重大工程和项目，以5G、人工智能、工业互联网、数据中心、智慧交通等为代表的新型基础设施和融合基础设施成为支持数字经济与实体经济融合的基础底座。目前中国已在广东省、浙江省、福建省、重庆市、四川省等省份开展数字经济创新发展试验区建设，广东省人民政府在《广东省建设国家数字经济创新发展试验区工作方案》中指出要打造协同高效的计算存储设施集群，在交通、能源、水利、农业、市政、物流等领域加快传统基础设施数字化升级；《浙江省数字经济促进条例》明确重点推进新一代移动通信网、大数据中心、工业互联网、物联网、车联网、人工智能、区块链等新型数字基础设施建设。河南省2021年度计划投资580多亿元，用于支持559个5G新基建项目；重庆市计划在2020—2022年投资约3983亿元，重点支持新型网络基础设施、智能计算基础设施、转型促进基础设施、融合应用基础设施等。

在全球数字化浪潮的影响下，云计算作为数字经济与实体经济融合的重要信息基础设施，已成为社会和企业数字化转型的关键要素，2021年云计算对于中国经济社会数字化转型的支撑作用呈现持续强化态势。中国云服务供应商种类众多，主要包括腾讯、阿里巴巴、百度等互联网公司，中国电信等移动通信服务商，华为、中兴等新基础设施服务商，以及Ucloud、七牛云、青云等自主创业型云服务业企业。《中国互联网发展报告2022》显示，截至2021年年底，中国累计建成并开通5G基站140.5万个，云计算市场规模达到3229亿元，人工智能产业规模达到4041亿元，数字经济市场规模达到45.5万亿元，工业互联网核心产业规模达到10749亿元。中国信通院发布的《云计算白皮书（2022年)》显示，中国云计算市场持续高速增长，2021年中国云计算总体处于快速发展阶段，市场规模达3229亿元，较2020年增长54.4%。其中，公有云市场继续高歌猛进，规模增长 70.8%，达到 2181 亿元，有望成为未来几年中国云计算市场增长的主要动力；与此同时，私有云市场突破千亿大关，同比增长 28.7%，达到 1048 亿元。随着云计算产业快速发展，云计算技术趋于成熟，应用场景不断拓展，其应用场景逐步从消费互联网向交通、能源、医疗等传统行业渗透。以腾讯云服务体系为例，作为产业互联网先行者和践行者，腾讯于 2018 年 9 月 30 日进行了组织架构大调整，成立了云与智慧产业事业群（CSIG），整合了企业的云、安全、大数据等能力，助力各行各业数字化转型。新冠疫情带动线上娱乐和消费需求增长，同时提升企业云服务方面的需求，2020 年腾讯云服务覆盖了国内 90% 的音视频客户以及视频云解决方案，同年，腾讯金融云聚焦金融新基建和数字新连接，助力中国银联、广州农商银行等大客户数字化转型。在政务服务领域，健康码服务超过 400 个市、县、旗，累计服务人数超过 10 亿人，截至 2021 年 3 月，腾讯云合作伙伴超过 8000 家，企业客户服务数超过 30 万家，覆盖行业 20 多个，提供了超过 300 个行业解决方案。

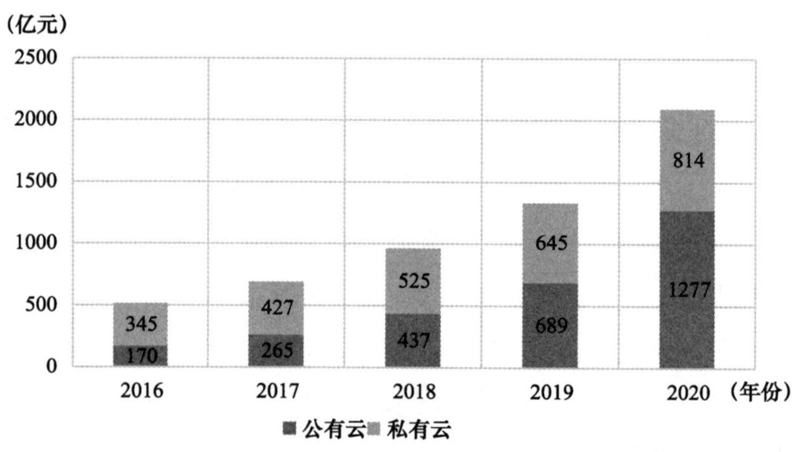

图 2－1　2016—2020 年中国云计算市场结构变化

2021 年 6 月，工信部、中央网信办联合发布《关于加快推动区块链技术应用和产业发展的指导意见》明确了推动区块链技术应用和产业发展的重点任务及保障措施。区块链技术通过将分布式系统、P2P 传输网络、非对称加密、哈希算法、共识算法等技术进行融合创新，构建了一个具有分布式、数据防篡改、可追溯，适用于多方协作，数据隐私加密等特性的价值网络技术体系。区块链还可以与人工智能、大数据、云计算进行融合应用创新，赋能数字经济产业发展和模式创新。在一系列利好政策的驱动下，中国区块链新注册企业数量屡创新高。据企查查数据显示，中国现存区块链相关企业 11.6 万家。2022 年上半年，中国新增区块链相关企业 1.5 万家，同比大幅增加 151.6%。

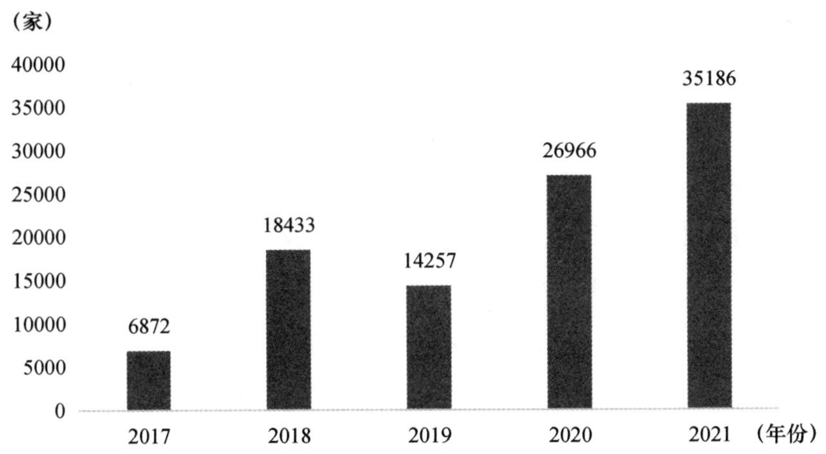

图 2－2　2017—2021 年中国区块链相关企业注册量

区块链技术可与产业链进行深度融合，提高产业供应链协同管理水平，通过加强产业链上下游数据协同，为产业链和供应链协同提供决策依据并建立上下游信任基础，从而帮助企业优化业务流程、降低运营成本。借助区块链技术可实现供应链商流、物流、信息流和资金流的四流合一，为金融机构深入产业链场景，提高金融业务风控管理水平，提供优质、安全的产业金融服务，解决中小企业融资难、融资贵的问题提供有力抓手。在具体应用上，比较典型的有广州“穗智管”城市运行区块链管理平台和海南省区块链“财政电子票据应用”。“穗智管”城市运行区块链管理平台在统筹规划和统一标准的基础上，建立了广州市统一的政务区块链基础设施，平台利用区块链的可信数据存证，可信数据计算以及可信多方协议的技术能力，构建城市大数据中心资源池以及跨系统、跨业务、跨部门的数据共享、可信认证、电子证照等标准化底层服务体系。截至 2021 年 8 月，广州市“穗智管”城市运行区块链管理平台已搭建 20 个节点，实现 16 个应用场景，上链 800 多万份电子证照，可处理 1500 万笔链上交易，业务网络覆盖广州市发改委、市税务局、市场监督管理局等。海南省区块链“财政电子票据”应用，利用区块链技术防篡改、可追溯、保证数据一致性、智能合约可编程、数据隐私保护等特性，使得财政电子票据具有可信可验证、数据隐私安全、自动化处理等能力。通过区块链网络，连接财政电子票据制样、赋码、开票、传输、查验、报销、入账、归档全生命周期涉及的各参与方，覆盖医疗、教育、交通、公益慈善等多个公共服务领域，能够实现票据的可信高效流转和业务协同办理。截至 2021 年 10 月，海南省已开具区块链财政电子票据 2661 万份，金额超过 400 亿元人民币，上线单位数量达 2795 家，全省上线单位覆盖率 100%，打通业务系统平台超过 50 家，涵盖教育、医疗等 14 个领域，海南省目前已实现区块链财政电子票据全票种、全单位、全行业、全领域覆盖。

2021 年 7 月 12 日，工信部等十部门印发《5G 应用“扬帆行动计划”（2021—2023 年）》，重点提出要加强 5G 在大型工业企业、电力、采矿、车联网、农业水利、教育、医疗、文化旅游及智慧城市建设中的应用和标杆打造，2021 年 11 月 16 日，工信部发布《“十四五”信息通信行业发展规划》，提出在“十四五”期间要全面推进 5G 网络建设，推广 5G 行业虚拟专网建设，积极开展 5G 异网漫游，深入推进 5G 共建共享，加快 5G 网络覆盖，建成全球规模最大的 5G 独立组网网络，并打造一批“5G + 工业互联网”标杆。在国家政策的推动下，中国 5G 建设发展迅速，截至 2021 年 11 月，5G 基站建设总数占全球比重超过 70%。从基站来看，2019 年 11 月 1 日，移动、电信、联通三大运营商正式上线 5G 商用套餐，标志着中国网络体系正式进入 5G 商用时代。与此同时，中国 5G 基站建设工程快速开展，根据工信部 2021 年 11 月公布的数据，建成 5G 基站超过 115 万个，占全球 70% 以上，从终端来看，5G 网络的高速建设与广泛覆盖带动了 5G 移动终端的快速发展，5G 手机终端的保有率保持连续上升趋势，截至 2021 年 9 月底，中国 5G 手机终端连接数已达 4. 45 亿部。

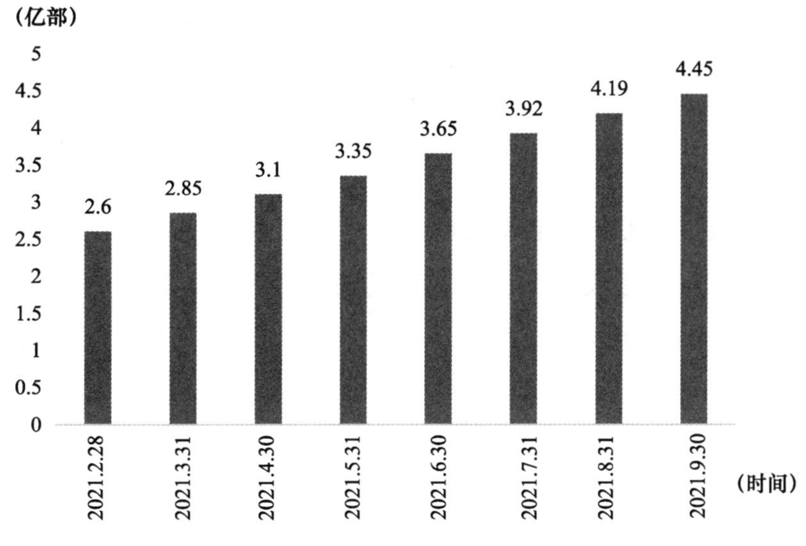

图 2 -3　5G 手机终端连接数

二 数字治理体系稳步形成

数字经济的快速发展为社会治理以及政府服务带来了广泛而深刻的变革，2022 年年初出台的《“十四五”数字经济发展规划》提出了数字经济治理体系更加完善的发展目标，提出形成政府主导、多元参与、法治保障的数字经济治理格局，为数字经济治理明确了方向。在国家战略的引导下，各地围绕数字治理提升进行着多维度、多领域的改革与创新。《经济参考报》在《构筑数字经济治理的中国优势》中指出，数字经济治理体系是国家治理体系和治理能力现代化的新疆域。《新治理》认为中国数字经济治理与发达国家处于同步起跑、局部领先的态势，这得益于超大规模市场优势、社会主义制度优势以及改革开放以来社会主义市场经济体制改革经验。中国推动数字经济优治善治、构建数字经济制度体系所具有的独特优势，将对新一轮全球数字经济治理提供具有中国特色的制度框架。目前中国正处于以国内大循环为主体、国内国际双循环相互促进的新发展格局，全面推动核心前沿技术研发、完善企业为主体产学研相结合的创新体系、重视人才资源开发、加快教育改革等制度建设方案。

三 数字产业化开启新征程

数字产业化是数字经济与实体经济融合的重要前提，主要能为其他行业提供数字技术、产品及服务支持。参考零壹财经以信息产业和通信产业对数字产业化水平进行的衡量，结果显示，2012—2020 年中国数字产业化指数逐年稳步上升，以 2012 年为基期进行标准化，2020 年增长至 2126.50，年复合增长率达到 9.89%（图 2-4）；其中通信产业自 2016 年起发展迅猛，2018 年通信产业指数超越信息产业指数，2020 年通信产业指数增长至 2286.12（以 2012

年为基期进行标准化处理）；信息产业指数为 1930.04（以 2012 年为基期进行标准化处理）。

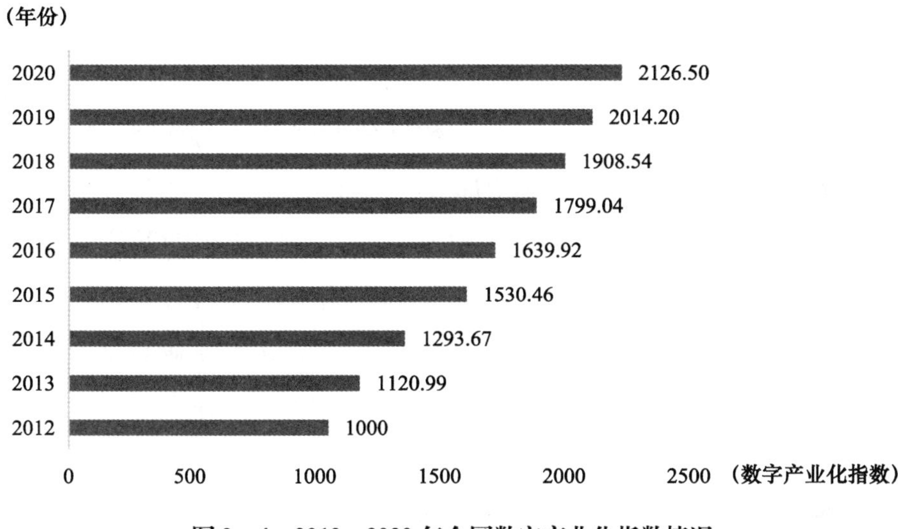

图 2－4 2012—2020 年全国数字产业化指数情况

在通信产业中，电信业务总量基本呈现逐年增加的趋势，并且最近几年增幅尤为明显。据工业和信息化部 2021 年通信业统计公报显示，2021 年中国电信业务总量达 1.7 万亿元，同比增长 27.8%。在软件产业中，据工业和信息化部 2021 年软件和信息技术服务业统计公报显示，2021 年，中国软件和信息技术服务业运行态势良好，软件业务收入保持较快增长，盈利能力稳步提升，软件业务出口保持增长，从业人员规模不断扩大，2021 年，全国软件和信息技术服务业累计完成软件业务收入 94994 亿元，同比增长 17.7%，两年复合增长率为 15.5%。

四 产业数字化迈向新台阶

产业数字化是指传统产业与数字技术的深度融合，是数字经济发展的主阵地，为数字经济发展提供广阔空间。参考零壹财经以数字化生产及数字化供销两个维度衡量的产业数字化情况，结果显示，2012—2020 年中国产业数字化指数逐年稳步上升，以 2012 年为基期进行标准化，2020 年增长至 3480.79，年复合增长率达到 16.87%，如图 2－5 所示。在产业分布上，服务业中数字经济渗透率最高，工业次之，农业最少。服务业是产业数字化发展最快的领域，2020 年服务业数字经济增加值占行业增加值的比重为 40.7%，同比提升 2.9 个百分点；工业方面，数字经济加速发展，2020 年工业数字经济增加值占行业增加值比重为 21.0%，同比提升 0.5 个百分点；农业由于行业的自然属性，数字化转型需求较弱，2020 年农业数字经济增加值占行业增加值比重为 8.9%，同比提升 0.7 个百分点。

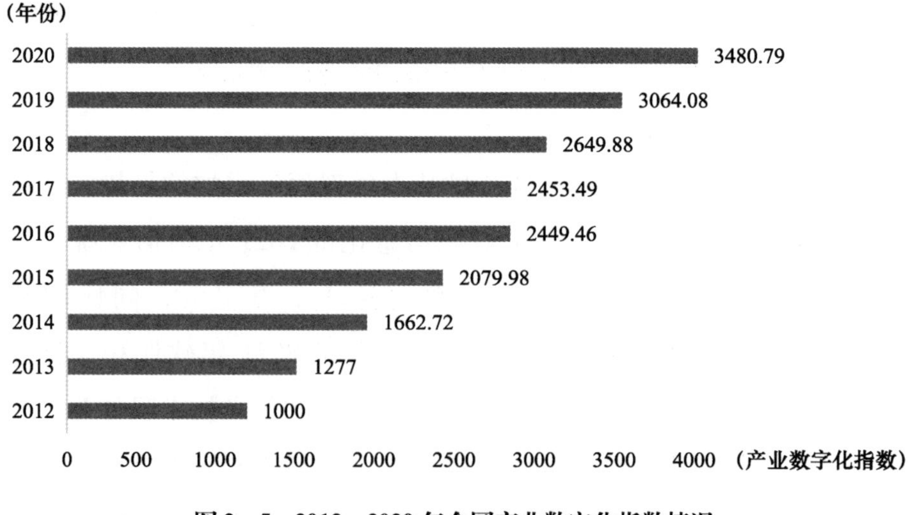

图 2－5　2012—2020 年全国产业数字化指数情况

在乡村振兴的国家战略背景下，数字经济与农业的深度融合诞生了智慧农业。2019 年，中共中央办公厅、国务院办公厅印发《数字乡村战略发展纲要》，2020 年农业农村部等部门印发《数字农业农村发展规划（2019—2025）》，中央网信办等部门印发《关于开展国家数字乡村试点工作的通知》，2021 年《中华人民共和国乡村振兴促进法》正式颁布，明确提出要推进数字乡村建设，促进小农户和现代农业发展有机衔接。精准农业是利用大数据、物联网等新型技术手段，精准把控农业生产各环节，监测、干预作物生长环境信息，进而降低消耗、提高产量。精准农业的发展能够更好地串联农业产品产供销环节，实现农业生产供给侧和消费者需求侧的共赢，未来中国农业将逐步走上机械化、规模化、产业化、精准化的道路。2021 年 5 月 24 日，农业农村部与腾讯公司签署“耕耘者”振兴计划战略合作协议，双方将面向乡村治理骨干和新型农业经营主体带头人开展培训，共同推进乡村人才振兴。在惠农服务方面，以乡村村民为服务对象打造了一款应用便民的数字乡村小程序。在生产基地建设方面，物联网的传感器可以对生产基地的天气变化、作物长势进行实时监测并对异常情况进行智能预警，实现自动化远程控制，有效降低农业生产风险，提高生产效率。在农村综合治理方面，提供包括农业数据采集宏观分析、农村资源分析等一系列的大数据模型。

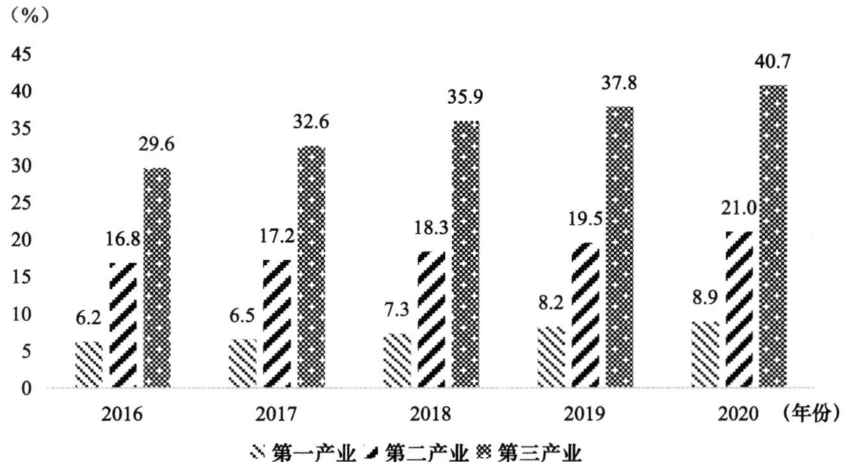

图 2－6　数字经济增加值占三产增加值的比重变化

五 “三新”激活现代化新动能

经济中新产业、新业态、新商业模式生产活动的集合简称为“三新”经济，这是中国经济发展的新引擎。国家信息中心信息化和产业发展部于凤霞提出要以“三新”经济为抓手，推动数字经济与实体经济融合，释放数字红利，为社会发展增添新动能。国家统计局数据显示，2017—2020年，中国“三新”经济占GDP比重从15.7%提高到17.08%。尤其是2020年，尽管受到新冠疫情的巨大冲击和严峻复杂国际形势的影响，中国“三新”经济增加值却比上年增长4.5%，比同期GDP现价增速高1.5个百分点。平台经济、网上零售等持续活跃，明显快于社会消费品零售总额的增速。高新技术产品生产持续加快，2021年5月，智能手表、工业机器人、服务机器人、碳纤维及其复合材料分别增长87.5%、50.1%、49.2%、43.3%。“三新”经济持续快速发展，既是中国经济高质量发展的客观要求，也是经济高质量发展的重要体现。

“三新”经济是赋能传统产业转型升级的重要力量。新经济是数字技术和传统产业深度融合的产物，应对新冠疫情进一步增加了融合的速度和深度。一大批新产业、新业态和新模式的快速涌现，正在日益深刻地改进着生产要素和资源的配置方式，改变着人们的生产模式和生活方式，提高了经济运行效率和社会整体福利。“三新”经济的发展壮大正在加速传统产业转型升级，助推实体经济高质量发展。国家统计局数据显示，2020年中国“三新”经济中，第一产业增加值为7423亿元，同比增长11%，占比4.39%；第二产业增加值为73487亿元，同比增长4.3%，占比43.42%；第三产业增加值为88345亿元，同比增长4.2%，占比52.2%。技术的迭代更新是数字经济发展的动力源，5G、大数据、人工智能、区块链等新技术不断演进升级，与传统行业的技术的融合程度不断加深，赋能作用持续加强，创造的应用场景日益丰富。未来数字经济发展更大的需求来自工业制造业和农业等实体经济领域，传统产业转型升级将呈现加速态势。

“三新”经济也成为中国经济增长的重要“稳定器”。近年来，中国经济增速放缓，除了经济总量扩大导致基数提高外，新旧动能转换过程中的传统经济增长乏力也是原因之一。与此形成鲜明对比的是，以“三新”经济为主体的新动能蓬勃发展，对于“稳增长”发挥着愈发重要的作用。国家统计局数据显示，2015—2020 年中国经济发展新动能指数同比上年的增速从 19. 6% 提高到 35. 3% 。经济发展新动能指数逐年攀升，表明中国经济发展新动能加速发展壮大，经济活力进一步释放。新经济成为缓解经济下行压力、推动高质量发展的重要动力。

第二节　数字经济与实体经济融合的发展趋向

新一轮科技革命和产业变革正深入推进，数字经济成为当前最具活力、最具创新力的经济形态，是国民经济的核心增长极之一。数字经济所独有的虚拟、创新、聚合等特性不断推动着中国三大产业的数字化转型升级，有效提高了资源配置效率，提供了创新发展的新动力，对提高实体经济发展质量、推动传统实体产业的转型升级产生了深远影响。同时，数字经济的发展也离不开实体经济的强力支撑。实体经济是数字技术得以发挥效用的平台和载体，只有在实际应用场景中，数字技术才能得以充分应用，从而为数字经济的加速发展奠定坚实的基础。全球主要国家和地区纷纷出台数字经济相关战略规划，利用数字化新技术、新应用对制造业进行全方位、全链条改造是其中的布局重点。

中国高度重视数字经济发展，数字经济持续保持强劲发展韧性，数字经济全面赋能生产、投资、消费、贸易增长，新动能作用持续增强。做大做强数字经济，推动数字经济与实体经济深度融合，是打造未来竞争新优势的迫切需要，是推动制造业高质量发展、支撑构建新发展格局的重要途径。

一 国际上促进数字经济与实体经济融合的发展趋向

（一）美国：重视数字经济的制度环境建设

从美国数字经济发展历程来看，美国数字经济的巨大发展与美国政府对数字经济发展的规划和推动不无关系。从克林顿政府开始，美国政府便大力支持和鼓励美国数字经济发展，发布“国家信息基础设施行动计划”，支持发展信息产业，推动互联网普及，为美国数字经济发展奠定基础；小布什政府连续出台多项法案，推行减税政策并加强对企业研发的支持，数字经济的基本制度环境依然良好；奥巴马在任内颁布了《网络空间国际战略》等政策文件，对数字经济的政策立场主要是维持自由的网络贸易环境、鼓励创新、保护知识产权，确保其在技术标准制定方面的优先地位。

在战略规划层面，美国的政策目标是维持美国在科技生态系统与网络空间发展中的影响力，使其成为经济增长和创新的开放引擎。具体措施包括激励具有适应性、安全性技术市场的形成；创新优先；投资下一代基础设施建设；促进跨境数据的自由流通；保持美国在新兴技术领域的领导地位；推进全生命周期的网络安全。在政策实施层面，发布《关键与新兴技术国家战略》（2020 年 10 月），美国要成为关键和新兴技术的世界领导者，并构建技术同盟，实现技术风险管理。其中包括通信及网络技术、数据科学及存储、区块链技术、人机交互等。总体来看，美国政府也高度重视数字经济，政策体系也比较完善，不仅在数字经济的主要领域都有顶层战略规划，而且具体的落实政策也比较详细。

（二）德国：重视发展数字化创新增长和监管战略

制造业是德国的一张名片，将互联网先进技术与制造业相融合是德国数字经济发展的一大特点。作为产业数字化的先行者，德国最先提出了“工业 4.0”概念，在产业数字化领域领跑全球。

新冠疫情刺激了德国数字化加速发展。疫情暴发以来，德国企业的运营和商业模式出现极大调整。居家办公、保持社交距离等防疫措施促使德国企业重新审视产业数字化，并加大了相关投入。德国政府借疫情期间不断增长的数字化需求，给予企业政策支持。2020 年 11 月，德国联邦议院批准总额达 24 亿欧元的投资，以扶持初创企业。德国政府同时承诺在 2030 年前将投资总额提升至 100 亿欧元，并希望能够吸引约 200 亿欧元的私人风投。并且发布《“创新德国”未来一揽子研究计划》（2020 年 6 月）投资科学、研究和未来技术：至 2025 年，对人工智能的投入从原计划的 30 亿欧元增加到 50 亿欧元。借助《德国人工智能战略》为欧洲人工智能网络和“人工智能欧洲制造”的竞争力奠定基础。

在数字化创新增长战略层面，首先是高科技增长战略，德国从 2006 年开始制定国家高科技增长战略，旨在通过促进对关键技术的投资来鼓励创新和经济增长，2018 年德国政府发布了《德国高科技战略 2025》，提出到 2025 年将研发投资成本扩大到 GDP 的 3.5%，并将数字化转型作为科技创新发展战略的核心。其次是工业数字化转型战略，德国工业 4.0 战略的一项重点内容就是由联邦教育和研究部（BMBF）和联邦经济和能源部（BMWi）牵头的工业数字化转型，尤其是制造业的数字化转型。2015 年发布《平台工业 4.0 发展报告》，提出了未来 20 年的发展战略，明确了下一代创新增长政策的重点和发展方向，强调了安全性和安全地自动化应被视为到 2035 年的挑战。最后是 AI 发展战略，该战略的目标是适应 AI 技术以及 AI 导致的生产和价值链变化；促进 AI 在商业领域（尤其是中小型企业）中的应用、技术和融资与德国的基本社会价值以及个人权利相协调。在数字化监管战略层面，首先注重信息收集和个人信息保护，德国通过实行欧盟统一的《通用数据保护条例》（General Data Protection Regulation，简称 GDPR），建立了数字经济发展的基本监管框架。其次是采取数据竞争政策，主要是通过建立具有约束力的、透明的“平台对企业”业务条例，减少网络平台对商家的不公平行为。

（三）日本：重视政府数字化和企业数字化建设

由于对数字经济发展和数字化转型的全局性和战略性认识不足，日本数字经济政策处于战略劣势，虽然 2020 年日本数字经济规模达 2.48 万亿美元，仅次于美、中、德三国，位列全球第四位，但仍未能将日本在第二次互联网革命建立起的 ICT 传统竞争优势转化为数字经济发展的新型竞争优势。

日本推动数字经济发展，具体而言是在设立数字厅的推动下，日本将致力于提升国家和地方政府的数字化水平，提升日本政府的数字化治理效能。2020 年 12 月，日本政府公布《数字管理实行计划》，为 2021—2026 年的日本数字化发展制定了详细的路线图，由此可见，未来日本政府致力于克服政府信息化水平不足问题，在中央省厅构建统一的行政管理平台，同时促进地方政府使用统一的信息管理平台，推广个人编号卡的使用，消除信息化建设领域的重复投资，简化行政手续，通过电子化办公的方式改善行政手续办理的便捷性程度，提升政府的行政效率，提高日本政府数字化治理能力，在这一过程中数字厅将发挥指挥平台的作用。除了推进政府部门的数字化外，菅义伟政府也在积极推进产业领域，特别是企业的数字化转型进程。日本也出台了《科学与技术基本计划第六版》（2021 年 3 月），以适应新形势并推进数字化转型，构建富有韧性的经济结构，在世界范围内率先实现超智能社会5.0。由此可见，在未来的一段时间内推动企业的数字化转型，将会成为日本产业政策的重点之一，全面推进5G建设，同时企业也会推动物联网、人工智能、大数据在业务中的应用，积极转换商业模式，改善劳动方式，积极开展数字化转型。

（四）英国：重视发挥顶层战略引领的作用

近年来，数字经济已成为英国经济新的增长点。2018年数字行业为英国经济贡献了1490亿英镑，占英国GDP的7.7%，数字行业增速是英国国民经济增速的6倍。2019年数字行业为英国经济贡献了1500亿英镑GDP、150万个工作岗位。

在数字经济发展过程中，英国政府注重发挥顶层战略引领作用，通过打造数字政府，增强对数字经济的支持，综合运用政策引导和有效监管手段，打造开放、有利于创新的市场竞争环境。英国政府于2017年出台《数字发展战略》，旨在推动政府、企业数字化转型，为脱欧后将英国打造为全球数字经济创新中心打下基础。在《数字发展战略》出台后，与之相配套的《政府转型战略（2017—2020）》对建设数字政府作出了进一步规划，旨在打造统一的线上政务平台，促进政务数字化转型、提升政府治理能力、更好使用政府公共数据、为政务办理提供跨部门共享平台。根据最新的《政府数字服务：2021—2024年战略》，数字政府着重解决跨政府部门联合服务问题，并建立适用于所有人的单一数字身份，推出在线政务服务的单点登录方案，归口线上政府服务至单一平台。

新冠疫情凸显了数字经济的韧性和发展潜力，数字经济的重要性上升促使英国政府不断更新其数字发展战略。同时发布了《国家数据战略》（2020年9月）推动数据在政府、企业、社会中的使用，并通过数据的使用推动创新，提高生产力，创造新的创业和就业机会，改善公共服务。此外，在强化服务的同时，英国政府也十分重视数字市场监管。

表 2－1　　各国数字经济政策及目标

国家	政策	目标
美国	《关键与新兴技术国家战略》（2020 年 10 月）	美国要成为关键和新兴技术的世界领导者，并构建技术同盟，实现技术风险管理。其中包括通信及网络技术、数据科学及存储、区块链技术、人机交互等
德国	《“创新德国”未来一揽子研究计划》（2020 年 6 月）	投资科学、研究和未来技术：至 2025 年，对人工智能的投入从原计划的 30 亿欧元增加到 50 亿欧元。借助《德国人工智能战略》为欧洲人工智能网络和“人工智能欧洲制造”的竞争力奠定基础
日本	《科学与技术基本计划第六版》（2021 年 3 月）	适应新形势并推进数字化转型，构建富有韧性的经济结构，在世界范围内率先实现超智能社会 5.0
英国	《国家数据战略》（2020 年 9 月）	推动数据在政府、企业、社会中的使用，并通过数据的使用推动创新，提高生产力，创造新的创业和就业机会，改善公共服务

二　国内促进数字经济与实体经济融合的发展趋势

广东省作为改革开放的排头兵、先行地、实验区，在数字经济发展上基础雄厚。2021 年，广东省数字经济增加值规模达 5.9 万亿元，占 GDP 比重 47.5%，规模居全国第一。广东省先后发布《广东省建设国家数字经济创新发展试验区工作方案的通知》《2022 年广东省数字经济工作要点》提出通过 3 年左右的探索实践，国家数字经济创新发展试验区建设取得明显成效，把粤港澳大湾区打造成为全球数字经济发展高地。广东省2021年政府工作报告中指出要大力发展数字经济，加快国家数字经济创新发展试验区建设，促进数字经济和实体经济深度融合。巩固数字产业发展优势，推进人工智能、大数据、区块链、物联网等产业发展壮大。以下以数字经济发展较为强劲的广东省（广州市、深圳市）、浙江省、山东省及其他一些省市的数实融合发展趋向进行梳理。

（一）广州市：重视发展数字产业化和产业数字化建设

以“琶洲试验区”为平台，以“建设世界一流数字经济示范区”为目标，广州将大力推动数字产业化和产业数字化，尤其是着力发力制造业数字化，打造数字技术与实体经济融合发展高地。广州提出“制造业立市”，并聚焦数字经济核心产业、智能网联和新能源汽车、绿色石化和新材料、生物医药与健康、现代高端装备等五大支柱产业。为壮大数字经济核心产业，广州将坚持产业第一，高位推进链长制，以“一链一策”“一企一案”的灵活政策，推动“链主”企业和上下游企业构建协同创新联合体和稳定配套联合体，打造“万千百”亿级产业集群，建设一批可复制推广的重点产业链场景。同时广州正通过“一江两岸三片区”的空间格局，打造珠江南岸人工智能与数字经济产业创新集聚区，广州国际金融城等数产融合产业集群。此外，广州还将营造全民参与数字经济发展的浓厚氛围，开展加强智能化服务和设备使用的科普教育，着力拓展全民数字生活、数字学习、数字工作、数字创新四大场景，共同讲好广州数字经济故事。

（二）深圳市：重视打造“科技＋”产业集群

深圳瞄准全球科技创新高地，实施头部企业“聚龙计划”，以龙头企业为核心，集聚发展一批信息通信和集成电路企业，在生物医药、新材料、数字经济等领域培育和引进一批“链主”企业和生态主导型企业，打造“科技＋”产业集群。致力于发挥深圳数字经济比较优势，推进网络强市建设，抢占未来发展制高点，推动数字经济发展迈上新台阶。要努力推动数字经济高质量发展，打造数字经济创新发展试验区。深圳市尤其重视建设高端产业园，在信息化、数字化、智能化产业方面实现持久稳步性增长，把握数字化推动场景革命新趋势，围绕生产生活领域对数字应用创新的巨大需求，加大数字资源开发力度，推动数字工厂、数字制造、数字消费、数字支付、数字生活等数字化场景创新发展，实现经济社会各领域数字覆盖。同时依托华为、腾讯等本土企业，全力推动全市企业“上云上平台”，完成数字化转型。

此外，深圳融合发展离不开政策助力，如对名牌企业和名牌产品的引进采取一系列十分有吸引力的优惠政策，建设中国特色社会主义法治先行示范城市和粤港澳大湾区高水平人才高地等重大战略机遇，均有利于不断做强做优做大深圳市数字经济，打造引领高质量发展的重要引擎。通过数字化、智慧化赋能营商环境建设提速，提升政务服务效能，从而更大限度地激发市场主体潜力，这为实现数字经济和实体经济更好的融合提供了有力的保障。

（三）浙江省：重视各领域数字化建设

2021 年浙江省数字经济增加值达 3.57 万亿元，占 GDP 比重为 48.6%，2022 年，浙江省数字核心产业增加值占 GDP 比重从 9.5% 提高到 11.7%。到 2025 年，全省数字经济增加值占 GDP 比重预计达到 60% 左右，这是数字经济大省浙江提出的新目标。2020 年 12 月发布《浙江省数字经济促进条例》并于 2021 年 3 月 1 日起施行。此条例是根据浙江省数字经济的发展实际，进一步提出了新时代背景下的发展框架，为数字经济发展提供制度保障。

浙江省依托“数字经济一号工程”，提出积极发展平台经济、共享经济、体验经济和快递经济，加快各行业各领域数字化改造。近年来，浙江大力推广智能制造新模式，2020 年新建无人工厂、数字化车间 88 家，新增工业机器人上万台，累计上云企业 31 万余家，深入推进制造业数字化转型，改善传统产业的质量效益；在服务业数字化领域，浙江制定实施数字生活新服务行动，促进生活性服务业数字化、传统零售企业数字化、夜间经济数字化，推进街区（商圈）数字化改造等，基于"互联网 +"的创业创新生态得到初步构建。2023 年浙江省政府工作报告明确，要大力推进数字产业化和产业数字化，2023 年培育超百亿元数字企业 40 家，新增智能工厂和数字化车间 150 家，力争数字经济核心产业增加值增长 10%。

浙江省会杭州紧盯融合应用，推动数字化发展变革，加快数字技术在传统产业的融合应用，打造高质量转型发展标杆。一是积极探索"互联网 + 制造"。率先走出一条从"机器换人"到"工厂物联网"再到"企业上云""ET 工业大脑"的智能制造之路。2019 年起实施制造业数字化改造"十百千万"三年行动计划，全市组织实施攻关项目 139 个，推广项目 1067 个，企业上云数累计达 8.9 万家；23 家企业被认定为全省数字化车间/智能工厂。二是打造新型数字贸易金融标杆。全球数字金融中心落户杭州，金融科技体验方面连续 3 年位居全球第一；跨境电商综试区工作得到李克强总理肯定，杭州经验向全国推广；eWTP 秘书处开工建设；延安路湖滨路"双街示范"全面推广，杭州市被确定为浙江省新零售标杆创建城市。三是助力美丽乡村建设。加快农业物联网、数字技术应用示范建设，全市益农信息已覆盖 99.25% 的行政村。

（四）山东省：重点培育核心数字产业和数字技术推广

山东省数字经济在经济社会发展中的引领性、主导性、支柱性地位和作用日益凸显，2021 年，山东信息技术产业营收突破 1.2 万亿元，数字经济核心产业增加值占 GDP 比重超过 6%，预计全省数字经济占 GDP 比重达到 43%，规模总量位居全国第三。

为加快推动数字经济发展，夯实数字经济发展新优势，山东明确今年为数字经济发展重点突破年，工作导向上突出“两手抓”，实现“双赋能”——供给侧抓数字经济核心产业培育、需求侧抓数字技术推广应用。山东省实施《数字山东 2021 行动方案》，该方案提出，一是实施智能制造提升行动。山东省在机械设备、纺织服装、轮胎、化工、冶金等领域，在全国有比较优势，先进行这些传统制造业数字化升级，实现装备智能化，在生产环节实现智能化。二是加快发展特色数字农业，山东是农业大省，特别是潍坊、寿光，形成了有龙头带领的产业发展模式。进一步促进信息技术在农业中的应用，促进农业的数字化、智能化和特色化。三是加快服务业数字化转型。山东是全国的旅游大省，有泰山、曲阜孔庙以及济南趵突泉、青岛、枣庄等丰富的旅游资源。应该立足旅游大省的实际，创新智慧数字旅游模式，建立智慧旅游服务体系。四是工业互联网突破行动。山东省有济南大数据中心、量子技术研究院、青岛（崂山）国家虚拟现实高新技术产业化基地，等等。政府调动更多的资源开展技术攻关，对其加大支持力度，以实现相关技术的核心研发。

（五）其他数实融合紧密布局省市

北京、福建、安徽、湖北、四川等也加快促进数字经济与实体经济的融合。2022 年，北京数字经济增加值达到 1. 73302 万亿元，2022 上半年，北京市数字经济实现增加值 8381. 3 亿元，按现价计算，同比增长 4. 1%，占地区生产总值比重 43. 3%，同比提高 1. 2 个百分点；其中数字经济核心产业增加值增长 6. 9%，占地区生产总值比重 25. 3%。占 GDP 比重为 41. 6%；数字经济核心产业增加值 9958. 3 亿元，占 GDP 比重达 23. 9%。北京强调，将通过资金、项目、算力等方式，支持项目建设，鼓励软件、硬件的开放创新发展，做大做强高端芯片、人工智能、区块链等数字经济核心产业集群。未来，北京将以高质量发展为主题，着眼世界前沿技术和未来战略需求，以科技创新为引擎，促进数字技术与实体经济深度融合，打造中国数字经济发展“北京样板”、全球数字经济发展“北京标杆”。

福建省把发展数字经济作为全方位推进高质量发展超越的重要引擎，大力推进国家数字经济创新发展试验区建设，出台了一系列行之有效的政策措施，是数字经济领域政策体系最完备的省份之一。福建省着力打造“数字应用第一省”，加快建设国家数字经济创新发展试验区（福建）。印发“数字丝路”建设实施方案，为“一带一路”沿线国家和地区的数字化转型升级、数字产业发展提供新动能。数字技术与实体经济加速融合，新业态新模式不断涌现，数字经济发展指数、新基建竞争力指数、通过国家两化融合管理体系贯标评定企业数量等多项指标位居全国前列。

近年来，安徽数字经济创新创业活跃，数字经济发展呈现高速增长，取得显著成效。在 2021 年，安徽省数字经济增加值达 1. 3 万亿元，占 GDP 比重约 30. 6%，数字经济增速居全国第 10 位。安徽省加快培育数字化产业集群，形成数字经济高地优势。充分发挥安徽本土数字产业化和产业数字化基础优势，加快培育更多数字产业集群；积极搭建平台，培育数字技术创新联盟、产业联盟。以长三角一体化协同发展为依托，加快数字化技术与实体经济。

2021 年，在工信部举行的大数据产业发展试点示范等 4 项数字经济遴选项目中，湖北入围项目数量均为中部第一，且在全国排名靠前。面对新一轮的技术革命，加强数字经济，加快工业数字化进程，促进信息化与工业化的深度融合，建设数字湖北，打造数字经济新高地，对于推动湖北工业走向全球价值链的中高端领域，助推湖北经济发展新未来具有十分重要的意义。

表 2－2　　各地 2021 年数字经济规模及占比、2025 年目标

省/市	数字经济规模	占 GDP 比重（%）	2025 年目标
北京市	1.6 万亿元	40.4	数字经济增加值达到 GDP50% 左右
浙江省	3.57 万亿元	48.6	数字经济增加值占 GDP 比重达到 60% 左右
江苏省	5.1 万亿元	43.4	数字经济核心产业增加值占 GDP 比重达到 13.5% 左右
广东省	5.9 万亿元	47.5	全省数字经济增加值力争突破 6 万亿元，占 GDP 比重超过 50%
安徽省	1.3 万亿元	30.6	数字经济核心产业增加值占 GDP 比重也将进一步提高，安徽力争达到全国平均水平

表 2－3　　各地数字经济发展政策和定位

省/市	日期	名称	定位
北京市	2021 年 7 月	《北京市关于加快建设全球数字经济标杆城市的实施方案》	全球数字经济标杆城市
	2022 年 11 月	《北京市数字经济促进条例》	
上海市	2021 年 1 月	《关于全面推进上海城市数字化转型的意见》	国际数字之都
	2022 年 7 月	《上海市数字经济发展“十四五”规划》	
浙江省	2020 年 12 月	《浙江省数字经济促进条例》	数字经济“一号工程”2.0 版
	2022 年 5 月	《关于打造数字经济“一号工程”升级版的实施意见》	

续表

省/市	日期	名称	定位
江苏省	2020 年 10 月	《江苏省政府办公厅关于深入推进数字经济发展的意见》	“四个高地”
	2021 年 8 月	《江苏省“十四五”数字经济发展规划》	
	2022 年 5 月	《江苏省数字经济促进条例》	
广东省	2020 年 11 月	《广东省建设国家数字经济创新发展试验区工作方案的通知》	全球数字经济发展高地
	2021 年 7 月	《制造业数字化转型实施方案（2021—2025 年）》	“一企一策、一行一策、一园一策、一链一策”支持全省数字化转型
	2022 年 4 月	《2022 年广东省数字经济工作要点》	
福建省	2021 年 3 月	《国家数字经济创新发展试验区（福建）工作方案》	着力打造“数字应用第一省”
	2022 年 4 月	《福建省做大做强做优数字经济行动计划（2022—2025 年）》	

第 三 章

数实融合的基本逻辑与内在机理[①]

数字经济和实体经济深度融合已成为中国能否实现经济高质量发展的关键性问题。本部分重点阐释数字经济与实体经济融合的理论逻辑和内在机理，为数字经济与实体经济融合实践奠定基础。

第一节　数字经济与实体经济融合的基本逻辑

数字经济与实体经济融合发展存在三重基本逻辑：技术生态圈的打造—创新逻辑、主体生产率的提升—发展逻辑和场景适应力的拓展—应用逻辑。

一　创新逻辑：技术生态圈的打造

数据资源是数字经济的关键生产要素，新一代信息技术是数字经济的核心技术，现代信息网络是数字经济的主要载体，三者构成了数字经济的技术生态圈，推动数字经济和实体经济的融合，通过创新催生新产业、新业态、新模式的涌现，进一步扩大有效供给。

① 本章主要内容已发表于《江苏社会科学》2023 年第 1 期。

第一，数据资源要素不断催生新产业。数据资源作为一种特殊的生产要素，具有可共享、可复制、可重复使用等多种特征，有别于土地、资本、劳动等传统生产要素对产出有一定的限制，数据资源可以为经济发展注入无限的投入。一方面，数据资源自身可以催生新产业。数据资源本身蕴含着极大的价值，在对原始数据进行采集、挖掘、清洗、加工、分析、应用的过程中，会衍生出包括数据设备供应、数据交易服务、数据产品、数据安全在内的多种新兴产业；另一方面，数据资源与其他生产要素结合催生新产业。数据资源融合其他生产要素，提高了高端生产要素的比重，使产品的生产要素发生重构，改变了产品形态从而催生新产业。

第二，新一代信息技术引领产业升级。大数据、云计算、人工智能等新一代信息技术为数字经济提供了技术支撑，通过赋能传统产业和技术创新牵引两种方式引领产业升级。数字经济通过新一代信息技术不断向传统产业渗透，逐渐打破传统三产的边界，促进新兴服务业向一产、二产深度融合，推动农业和制造业向高附加值方向延伸发展，促进产业结构优化升级。同时，新一代信息技术推动产品生产工艺的技术创新，降低生产过程中的能耗，推动产业向数字化、智能化方向发展，实现低碳化生产，促进产业绿色化转型。

第三，现代信息网络加速创新发展。一是现代信息网络可以促进数据资源利用和转换，数据资源通过现代信息网络进行共享和流通，可以加速其价值增值的过程，加快新产业形成的速度。二是现代信息网络可以深化新一代信息技术的渗透能力，增强数字技术的应用能力，加快引领产业转型升级。三是现代信息网络具有强大的连接力、高度的融合性，不仅可以打破产业链上、中、下游企业间的垂直壁垒，还能打破企业与消费者间的横向壁垒，促进要素和产品自由流动，形成互融共通的产业生态，从而催生创新。

二 发展逻辑：主体生产率的提升

全球经济放缓，新一轮技术革命方兴未艾，只有提高全要素生产率才能推动经济持续健康发展，而数字经济作为新一轮科技革命的产物，已成为提高全要素生产率的重要途径。微观层面上，可以通过优化企业制造工艺、畅通企业生产流程、拓展企业经营范围来提高企业的生产效率；宏观层面上，可以通过提高市场资源配置效率、政府治理效率和社会再生产效率来提升整体经济运行效率，为高质量发展提供保障。

第一，在微观层面提升企业生产效率。其一，数字技术通过优化企业制造工艺，提高了产出水平。依托数字技术建造的智能车间、智慧工厂改变了企业生产制造的模式，实现了规划、生产、运营全流程数字化管理，大大提高了生产效率，保障了产品质量，提高了整体产出水平。其二，数字化载体可以畅通企业生产流程，降低生产成本。现代通信网络、大数据平台等数字化载体为信息的高效自由流动创造了条件：在生产环节，缩短企业生产时间、减少中间消耗、提高资本周转率；在供应环节，通过电子商务平台加速金融、物流、仓储、加工及设计等供应链资源的数字化整合，有效降低企业生产成本。其三，数字经济活动通过拓展企业经营范围，扩大了生产规模。数字经济活动不仅可以消除传统经贸往来的物理障碍，突破地理区域的限制，拓展企业的经营空间范围，还可以通过提供海量的数据服务，让企业精准掌握消费者的需求，实现个性化、定制化生产，形成“长尾效应”，扩大市场规模，进一步引起企业生产规模扩大。

第二，在宏观层面提升了经济运行效率。其一，生产、交换、分配和消费是经济社会再生产的四个基本环节，数字经济可以渗透各个环节，提高各环节的效率，同时精准衔接这四个环节使其高效贯通，进而提高整个社会再生产效率。其二，数字经济通过数据共享，使得政府和市场实现紧密连接，减少了两者间的信息不对称，有效克服市场配置中存在的盲目性，减少政府对市场资源的直接配置，引导要素自主有序流动，进而提高市场的资源配置效率。其三，政府相关部门可以通过数字技术实时采集宏观经济运行的数据，了解市场情况，掌握风险动态，形成更加科学精准的经济研判，增强宏观调控的前瞻性和稳定性，提高了公共品供给效率。

三　应用逻辑：场景适应力的拓展

场景是数字经济融入实体经济的关键切入点，供给端和需求端通过场景实现精准对接，促进消费升级、产品迭代，数字技术与应用场景相互融合、相互作用，带动技术进步、产业升级。

第一，场景是连接供给与需求的纽带。在传统的经济体系中，企业是价值创造的主体，经济活动以产品导向为主，消费者仅仅只是被动接受产品，企业出于成本考虑通常选择进行大规模批量化的生产，消费者的个性化需求往往被抑制。而随着数字经济的发展，以产品为导向的发展模式逐步被破除，转而向以用户需求为导向的模式转变。这一方面是由于在数字经济体系中，企业的产品通过嫁接具体场景，可以更好地和消费者需求进行匹配，提升产品价值，促进产品销售；另一方面是由于当消费者身处具体的场景之中，对企业提供的产品和服务可以形成最精准有效的评价，反馈给企业以推动其优化产品和服务。简言之，企业和用户通过场景实现有效链接，促进供需匹配。

第二，场景建设需要数字技术提供支撑。当前实体经济活动中场景的内涵和外延已经突破传统意义上场景的概念，场景的建设和管理都更为复杂，依靠自然人手工劳动不能建成适应现代社会经济发展的场景。而大数据、区块链、人工智能、物联网等数字技术可以获取相关用户的性别、年龄、偏好、动机等多维度的个人数据信息，通过对这些数据进行处理整合及细致全面的分析，可以了解用户的整体情况和主要需求，为场景的建设提供参考依据。同时，数字技术可以维持场景全天候运行，既可以在线下提供实体化的服务，也可以在线上完成各种交易，无限拓展了场景空间。简言之，数字技术是现代化、专业化、多样化场景建设的基础支撑，并能进一步激活场景的功效，提高场景吸引力。

第三，场景适应力进一步驱动技术进步。产品和服务的创新，一方面取决于企业自身的创新能力，另一方面则取决于该产品和服务的实际需求及应用场景，如果产品和服务没有应用场景，不能被消费和使用，那创新便失去了意义。在数字技术的驱动下，网上购物、线上办公、智能问诊、数字化营销等各种数字化场景层出不穷，且处于不断变化更迭之中，相应的产品属性、服务性质也将随之发生改变，企业和消费者之间通过原来场景建立的供给和需求的匹配关系将不再适用。这将迫使企业借助各种数字技术，针对变化的场景做出动态的、即时的调整，为适应新的场景创造出更加匹配的产品和服务。简言之，场景变化产生的适应需求进一步体现了数字技术的价值并反作用于企业，推动其创新，为经济发展注入新的动力。

第二节　数字经济与实体经济融合的内在机理

从内在机理看，数字经济与实体经济融合，能够促进技术创新和技术外溢，带来生产要素需求改变，以及推动生产模式转变和管理方式重构，为经济发展带来源源不断的动力。

一 促进技术创新和技术外溢

第一，数字经济的技术创新效应。一方面，数字经济作为高科技产物，在应用和普及过程中带来多领域创新和技术进步的共同突破。数字经济不仅会直接促进实体经济科技进步、提升生产力，而且会引发创新行为的变革，使其由劳动密集型创新转向广泛利用数据科学的新型创新。另一方面，数字经济技术应用会产生“干中学”的创新效应。数字经济技术在实体经济的各行业中具有广泛的应用前景。由于兼具智能化、科技化和交融化的属性，智能化学习功能放大数字经济的“干中学”效应，由此所释放的技术进步和劳动生产率的提升效果也将比一般性固定资产投资更为显著。

第二，数字经济的技术外溢效应。搭载于通用技术的数字经济技术，在区域和可行性方面所受到的限制较小，拥有极为广阔的辐射面，数字技术借助技术外溢效应为其他领域的各种创新提供解决方法。随着数字经济与实体经济的不断融合，数字经济技术在实体经济中的应用场景将会变得越来越广泛。同时随着融合程度的加深，以及数字经济技术扩散和外溢效应的扩展，将会给实体经济的发展带来更多的原动力。

二 促进生产要素需求结构调整

第一，向高端劳动力需求转变。以制造业为例，数字经济技术在制造业中的广泛渗透和应用催生了智能制造，减少众多重复性高及规则标准化工作岗位对低层次劳动力的需求，即实现机器对劳动力的“替代效应”。麦肯锡认为，随着人工智能的广泛应用，全球约 50% 的工作内容可以用机器进行替代，实现自动化。数字技术的应用改变原有生产要素机构，缩减了生产制造过程中的简单劳动力，间接地增加制造业高端劳动力即人力资本的需求。一方面，应用数字经济技术依赖大量的专业工程师投入以及相关领域科学家的不断设计和研发；另一方面，数字经济设备的运行需要专业的操作人员和高级技师的管理，在维护的过程中，需要有综合知识背景的专业维护人员和职业经理人员负责。相较于简单劳动力而言，具备相关专业知识、技能和经验积累的人力资本的生产力水平更高、创造的附加值更高，属于高端生产要素。总体来说，数字经济技术的应用会降低各领域对于劳动力数量和规模方面的需求，提升素质和技能水平方面的需求。

第二，向高端生产基础转变。数字经济技术如人工智能技术、云计算、5G信息技术的出现，提高了公共基础设施再生产中的生产力水平。同时在此基础上，公共管理中又催生了相比于传统公共基础设施更具竞争优势的新基础设施，这些基础设施以数字化技术为核心，可分为软件基础设施、应用基础设施、网络基础设施等多种类型。建设以平台经济为核心的数字基础设施，能够以数据为纽带促进制造业产学研有机整合，形成数据驱动型制造业创新体系，推动数字经济和制造业的融合发展。整体而言，数字基础设施有助于提升创新频率、降低创新创业成本，减少信息不对称导致的研发和经营中的不确定性，降低企业运营管理成本和销售成本。最终，通过提升生产力和促进内涵式扩大再生产而改进生产质量。

三　促进生产模式转变

第一，生产规模智能化预测。数字经济如人工智能正在促使第三次工业革命下的芯片等关键生产要素向新工业革命中的数据进行转变。当前，人工智能正通过海量数据进行价值创造，使数据逐渐成为产业发展的核心要素。企业通过利用人工智能技术实现机器学习和图像识别，并结合大数据技术对市场趋势作出预测，合理规划全产业链的生产安排，使各个生产环节在满足需求的前提下自动保持最低库存，甚至是“零库存”，有效控制库存成本。在数字技术的应用下，对于客户需求的数据收集更为全面和系统，通过对数据进行及时的分析整理和储存，并以此作为基础，向客户及时发送相关关联性信息，对其需求进行引导和关注，从而进一步提升产品和市场的匹配率，降低甚至杜绝生产资源错配，彻底解决柔性生产的“最后一公里”难题。

第二，生产环节效率显著提升。一方面，数字经济通过在不同行业的资本深化，采集大量的行业数据，而行业数据是提升人工智能算法性能的助推器，将促使人工智能技术不断改进。数字技术如人工智能技术水平的不断提升会持续推进应用部门的生产效率，也意味着企业将获取更高的收益。应用数字经济的企业在生产力水平、竞争力和利润率方面获得大幅提升，在“标杆效应”、生产效益及收益提升的预期作用下，将有更多的企业进行数字化改造和投资，由此进入数字经济资本深化和企业生产效率提升的正反馈循环中，这种良性循环将促使数字经济广泛渗透制造业各个产业部门。另一方面，数字经济的蓬勃发展会带来数字经济产品和服务成本不断下降，刺激各产业在人工智能设备上进行大量投资，由此推动数字经济在产业部门的推广、扩散及资本深化。随着“智能”生产设备对传统生产设备的替代，产业部门的通用技术和主导技术也将从IT 技术向 AI 技术升级，最终使产业达到更高的生产力水平。

四　促进管理方式重构

数字经济不仅推动了不同领域如生产、采购、销售等“硬性”领域的转型升级，同样使企业管理方式等“软性”领域发生重大转变。传统管理方式多数以垂直化的金字塔方式为主，而随着数字经济的广泛渗透与融合，传统管理方式正在发生重大转变。

第一，管理理念核心从企业转向客户需求。传统的管理理念是以企业作为核心进行经营管理，采用规模经济和标准化的生产方式降低生产成本。但进入数字经济时代，成本控制等较为传统的因素已不具备助推制造业实现跨越的功能。取而代之的是用户需求成为组织生产和制定发展战略的核心关注点。不同行业中生产决策者在对市场、客户、产品、价值链等整个管理流程进行重新审视的基础上，逐步地构建数字经济时代所需要的管理理念。

第二，管理信息系统趋于完善。传统的信息管理系统以“上传下达”的形式作为核心展开管理，这种管理模式会出现信息反馈延误或信息沟通不畅等问题。而在数字技术及相关设备引入后，企业的办公变得灵活和快捷，移动设备的应用使得信息沟通等变得十分便捷，删减了一些不必要的环节，让整个办公流程变得更为灵活。而“云之家”等应用软件的使用更是使得企业能够构建起“移动化”管理体系，工作效率得到明显提升。

第三，组织管理结构向扁平化发展。数字经济技术的应用对各行业提出了新的要求，即要求对市场信息做出迅速的反应。只有对市场信息做出及时的反应才能继续保留原有客户并吸收新的客户。传统的管理组织架构属于金字塔式的管理架构，这种架构无论是指令的传达还是意见的反馈都要经过层层传递，效率低下。而数字经济时代的制造业管理组织构架则不断趋向扁平化，管理层级不断降低，员工和管理层的直接沟通渠道越来越多，员工的积极性越来越高，从而很好地刺激了员工的创新积极性，提高了决策效率。

第四章

数实融合的综合测度与分类对比

数字经济和实体经济的融合是当前经济发展的重要趋势，而对数字经济与实体经济融合指标的测度与分类对比具有重要意义。一是了解数字经济和实体经济之间的关系。数字经济与实体经济之间的融合要通过数字技术的运用促进实体经济的发展。数字经济和实体经济融合指标的测度可以帮助我们深入了解数字经济和实体经济之间的相互作用。二是评估数字经济和实体经济之间的协同效应。数字经济与实体经济的融合需要实现协同效应，即通过数字技术的应用，提高实体经济的效率和质量。数字经济与实体经济融合指标的测度可以帮助我们了解数字技术应用对实体经济产生的影响，以及这种影响是否可以促进实体经济的协同效应。三是定量对比总结数实融合发展优势与问题。本章通过构建数字经济和实体经济融合的指标体系，对城市数字经济与实体经济融合发展情况进行测度与对比。

第一节　数字经济与实体经济融合的综合评价指标体系

根据数字经济与实体经济融合的内涵与特质，依据国家政策规划以及国务院、发改委、各部委等针对各领域的专项规划与指导意见及最新政策要求，并结合国家统计局、新华三集团数据经济研究院与中国信息通信研究院云计算与大数据研究所共同发布的《中国城市数字经济指数白皮书（2020）》的指标体系及比重，本章构建了数字经济和实体经济融合的指标体系。

本章选取人均 GDP 超过 3 万元的 242 个城市进行评估，范围覆盖 31 个省市自治区。指标体系构建主要从产业数字化、数字产业化、数字化治理、数字化服务和数字基础设施五个方面进行评价。其中，产业数字化是指应用数字技术和数据资源为传统产业带来的产出增加和效率提升，是数字技术与实体经济的融合。该部分涵盖智慧农业、智能制造、智能交通、智慧物流、数字金融、数字商贸、数字社会、数字政府等数字化应用场景，将上述应用场景与《国民经济行业分类》对应，本章采用农业、金融、制造业、能源、生活服务、交通物流、科教文体以及医疗健康八个产业的数字化来衡量；数字产业化是数字经济基础部分，即信息产业，具体业态包括电子信息制造业、信息通信业、软件服务业等。数字产业化包括但不限于 5G、集成电路、软件、人工智能、大数据、云计算、区块链等技术、产品及服务。将电子信息制造业、信息通信业、软件服务业等归类于数字产业化主体产业，将 5G、集成电路、软件、人工智能、大数据、云计算、区块链等技术、产品及服务等归类为数字产业化驱动产业，我们可以将数字产业化用数字产业化驱动产业和数字产业化主体产业两个指标来衡量；数字化治理用公安治理数字化、信用治理数字化、生态环保数字化、市政管理数字化、应急管理数字化以及自然资源管理数字化来衡量；数字化服务用教育数字化、医疗数字化、交通服务数字化、民政数字化、人社服务数字化、扶贫数字化、营商环境数字化以及生活环境数字化来衡量；数字基础设施用固网宽带应用渗透率、移动网络应用渗透率、城市云平台应用、信息安全、城市大数据平台、政务数据共享交换平台以及开放数据平台来衡量。数据主要来源于国家统计局、各城市国民经济和社会发展统计公报、各城市统计年鉴、《中国火炬年鉴》及中国信息通信研究院中国城市数字经济指数①等。

表4－1 数字经济与实体经济融合的指标体系

一级指标	权重	二级指标	权重（%）	三级指标	权重（%）
数字经济与实体经济融合程度	100%	产业数字化	20	农业	12.50
				金融	12.50
				制造业	12.50
				能源	12.50
				生活服务	12.50
				交通物流	12.50
				科教文体	12.50
				医疗健康	12.50
		数字产业化	20	数字产业化驱动产业	50.00
				数字产业化主体产业	50.00
		数字化治理	20	公安治理数字化	16.67
				信用治理数字化	16.67
				生态环保数字化	16.67
				市政管理数字化	16.67
				应急管理数字化	16.67
				自然资源管理数字化	16.67

① 具体见 http：//deindex.h3c.com/2021/Insight/Abstract/。

续表

一级指标	权重	二级指标	权重（%）	三级指标	权重（%）
		数字化服务	20	教育数字化	12.50
				医疗数字化	12.50
				交通服务数字化	12.50
				民政服务数字化	12.50
				人社服务数字化	12.50
				扶贫数字化	12.50
				营商环境数字化	12.50
				生活环境数字化	12.50
		数字基础设施	20	固网宽带应用渗透率	14.29
				移动网络应用渗透率	14.29
				城市云平台应用	14.29
				信息安全	14.29
				城市大数据平台	14.29
				政务数据共享交换平台	14.29
				开放数据平台	14.29

第二节　数字经济与实体经济融合的综合评价指标测算

一　全国视角

（一）整体融合度比较

第一，全国各城市融合程度呈现东部沿海地区高，西部地区较低的态势。在所选择的242个样本中，东部沿海地区城市如上海、广州、杭州、苏州、无锡等均处于中等偏上位置。除此之外，北京、天津、重庆等城市虽然处于内陆，但借助其直辖市的定位，数字经济与实体经济融合程度也表现不俗。西部地区大部分城市处于第六和第七梯队。

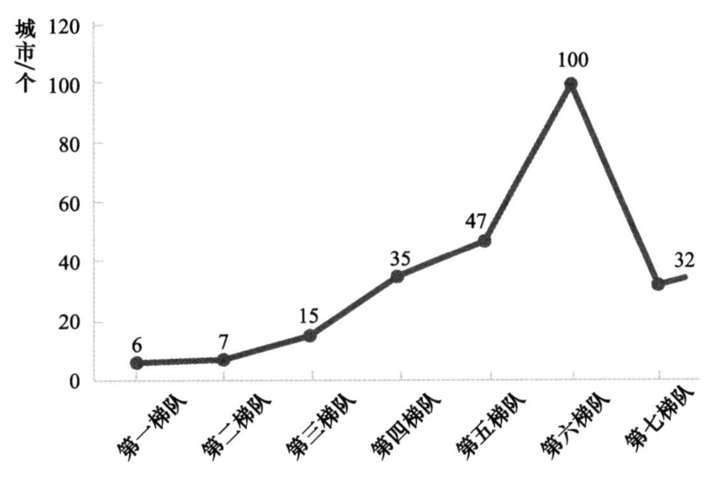

图 4－1　各梯队城市数量分布

第二，242 个城市数字经济与实体经济融合度呈左偏态分布，以 60 分为界，将近 3/4 的城市处于中等偏下水平。全国所有城市数字经济与实体经济融合度平均得分为 52.44 分，上海 96.09 分，排名第一。按照以下划分标准：第一梯队：90≤得分＜100；第二梯队：80≤得分＜90；第三梯队：70≤得分＜80；第四梯队：60≤得分＜70；第五梯队：50≤得分＜60；第六梯队：40≤得分＜50；第七梯队：得分＜40，可以发现五、六梯队的城市占主流，达到城市数量总和的 60%，而以 60 分为界，第一、二、三、四梯队城市加起来仅占总量的 1/4 左右。

第三，上海、深圳、北京、杭州、成都、广州位于前列，这些城市或为单项突出型，或为均衡发展型。排名前十的城市分别是：上海、深圳、北京、杭州、成都、广州、苏州、无锡、武汉、南

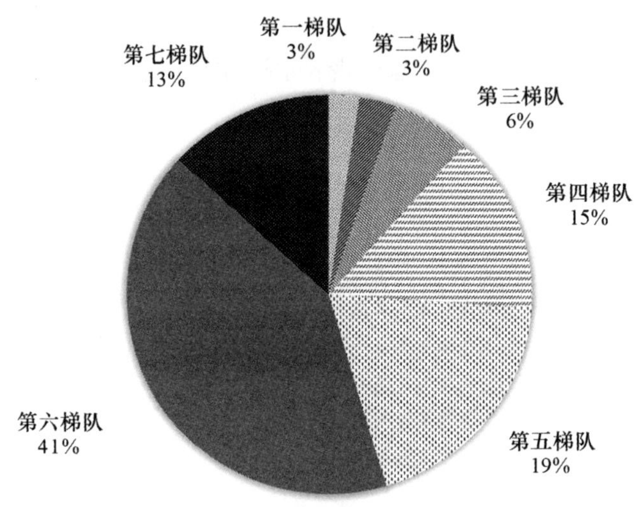

图 4－2　各梯队城市数量比例

京，TOP4 城市在某个单项得分中获得单项冠军。其中上海在产业数字化、数字产业化、数字化服务中均位居榜首；深圳在数字化治理、数字基础设施中均位居首位，北京在数字化治理中与深圳并列第一，杭州在数字化服务中与上海并列第一。成都和广州虽然没有获得单项第一，但每一单项成绩较为均衡，没有出现某一单项的短板，如成都每一单项排名在第三和第五之间，广州每一单项排名在第二和第七之间。相比较而言，苏州、无锡、武汉、南京四个城市均无指标排名第一，因此整体排名较低。说明要成为高融合度城市，需要某一单项突出发展，或者无短板发展。

（二）产业数字化比较

第一，全国制造业数字化程度最高，医疗健康数字化程度最低。从各城市产业数字化各单项指标数据可以看出，目前全国制造业数字化程度最高，平均得分 51 分，医疗健康数字化程度最低，平均得分 39 分。制造业数字化的发展与国家提前部署密不可分，

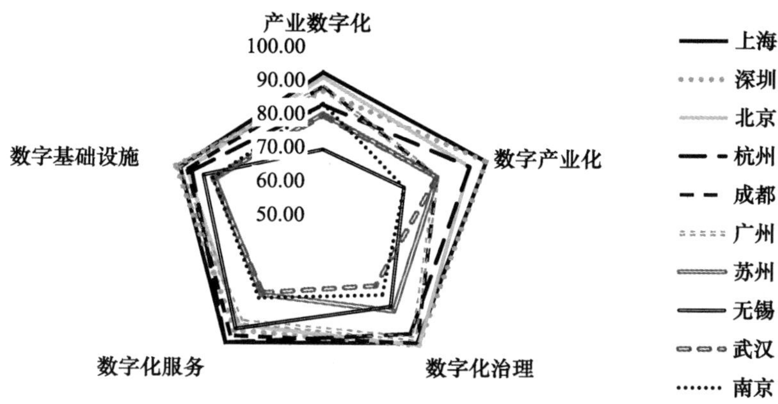

图 4－3　第一梯队城市数字经济与实体经济融合的二级指标得分情况

2016 年国务院印发《关于深化制造业与互联网融合发展的指导意见》等，对制造业数字化转型进行了全面部署，工业和信息化部、财政部等部门相继印发《智能制造发展规划（2016—2020 年）》《工业互联网发展行动计划（2018—2020 年）》《“十四五”大数据产业发展规划》《“十四五”信息化和工业化深度融合发展规划》等，明确了制造业数字化转型的具体目标和重点任务。在医疗健康领域，尽管电子病历、医药电商、健康险科技、医药营销数字化等少量领域进入生产力成熟期，但大多数字化创新领域仍在探索当中，因此医疗健康数字化程度相对较低。

第二，得分高于 60 分的城市仅占全国的 1/6，上海、北京产业数字化水平较高。全国城市产业数字化指标平均得分 45. 26 分，其中仅 1/6 的城市产业数字化达到 60 分及以上，产业数字化水平仍有较大提升空间。这与当前整体产业数字化进程缓慢，数字化过程中的网络安全问题、“数字孤岛”问题、生态圈融入问题亟待突破，各地企业数字化转型存在较大提升空间有关。

从各城市来看，全国产业数字化排名前十的城市依次为上海、

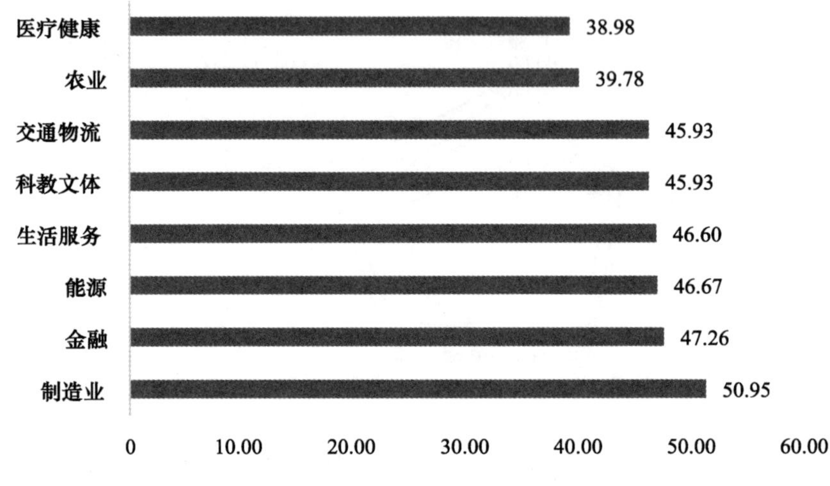

图4－4　产业数字化三级指标平均分对比

北京、成都、广州、深圳、南京、杭州、苏州、武汉、郑州。其中，得分高于90分的仅有上海和北京，上海91.88分，位居全国榜首，北京90.38分，全国排名第二。从三级指标来看，上海除在农业数字化方面稍显不足以外，在科教文体、医疗健康、能源、生活服务、金融、制造业、交通物流、农业各方面均位居前列，各方面发展态势良好。北京属于均衡发展型，各方面数字化水平都较高，基本没有短板。前十名中得分高于80分而低于90分的城市包括成都（87.75）、广州（87.50）、深圳（86.25）、南京（82.63）、杭州（82.25）。从三级指标来看，各城市仅有一项或者两项指标比较突出，如成都市农业数字化和生活服务数字化、广州市交通物流数字化、深圳市金融数字化和生活服务数字化、南京市能源数字化、杭州市农业数字化和生活服务数字化等，在排名前十的城市中具有比较优势，其他指标均处于中等偏下位置。除此之外，得分低于80分的城市分别为苏州、武汉和郑州，除郑州在农业数字化方面具有相比较优势以外，其他城市在产业数字化各指标方面均处于下游。

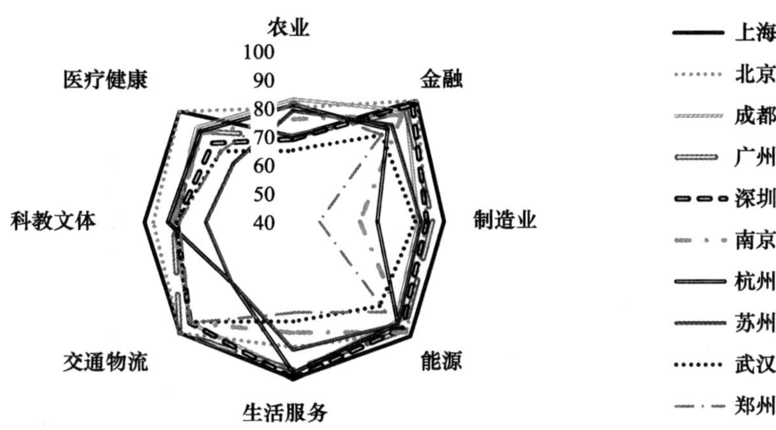

图4－5　产业数字化前十城市产业数字化三级指标得分

（三）数字产业化比较

第一，全国数字产业化驱动产业和数字产业化主体产业得分基本相同，平均得分均为29.2分。过去几年，中国颁布多项政策支持数字产业化的发展，如党的十九大报告指出加强应用基础研究，拓展实施国家重大科技项目，突出关键共性技术、前沿引领技术、现代工程技术、颠覆性技术创新，《国家数字经济创新发展试验区实施方案》明确将数据作为一种新型生产要素写入政策文件，提出加快培育数据要素市场，《关于推进“上云用数赋智”行动，培育新经济发展实施方案》提出要大力培育数字经济新业态，深入推进企业数字化转型，打造数据供应链，以数据流引领物资流、人才流、技术流、资金流，形成产业链上下游和跨行业融合的数字化生态体系等，推动数字产业化发展。但从中国数字产业化得分来看，中国数字产业化道路任重道远，相对其他指标发展而言，仍有较大提升空间。

第二，得分高于60分城市仅占全国的1/8，上海、深圳数字产业化水平并列全国第一。全国城市数字产业化指标平均得分29.18

分，其中仅1/8的城市数字产业化达到60分及以上。尽管全国平均得分不高，但不乏数字产业化发展程度较高的城市，如上海、深圳数字产业化水平均拿到了满分，北京和杭州也分别拿到了95分的高分。上海在数字产业化方面坚持创新驱动，加强技术攻关纵深部署，强化数字技术协同创新，提高数字技术创新成果转化和产业化水平，打造具有国际竞争力的高端数字产业集群和强大数字赋能体系。北京也发挥科创中心优势，继续做大做强软件和信息服务业、电子信息制造业等数字产业，培育壮大和引进落地一批行业龙头企业、“单项冠军”企业以及创新型企业，布局一批战略性前沿产业，推进数字产业化发展。

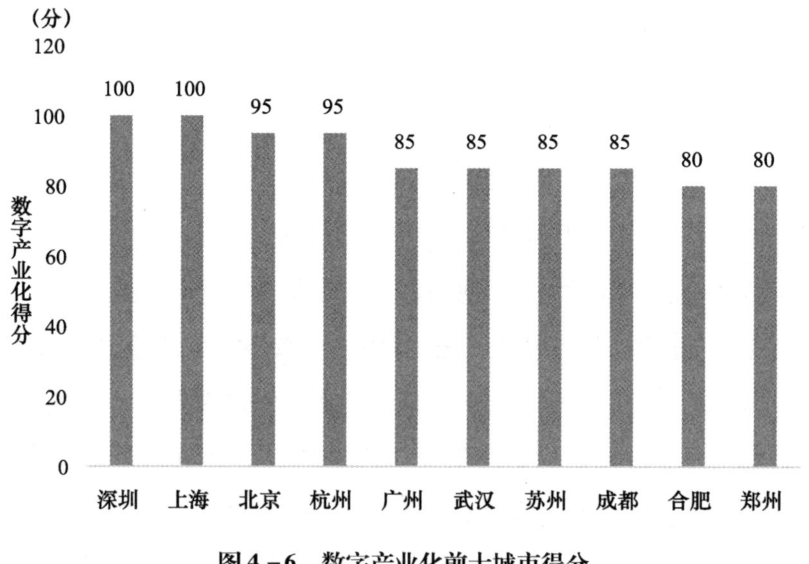

图4-6　数字产业化前十城市得分

（四）数字化治理比较

第一，全国信用治理数字化程度较高，自然资源管理数字化程度较低。全国平均数字化治理得分63.25分，数字化治理发展较为成熟。从各城市数字化治理各单项指标数据可以看出，目前全国信用治理数字化程度最高，平均得分 78. 57 分，自然资源管理数字化程度最低，平均得分 56. 07 分。信用治理数字化的发展得益于国家政策的支持，《2014—2020 年中国社会信用体系建设规划纲要》对社会信用体系建设明确了一系列举措，如建立统一社会信用代码、建立联合奖惩体系、通过网络大数据的发展为诚信建设提供途径等。2017 年 6 月 1 日开始实施的《互联网新闻信息服务管理规定》，就涉及国家和地方网信办应当建立互联网新闻信息服务的网络信用档案，建立失信黑名单和约谈制度，进一步加快了信用治理数字化程度的发展。但中国的自然资源管理数字化程度较低，这与中国自然资源管理数字化起步较晚有关，2019 年中国才开始关注自然资源管理数字化升级。武大吉奥作为代表性企业，秉承“数治自然资源、服务美丽中国”的自然资源信息化理念，通过构建以“业务数据化、数据业务化”的双轮驱动模式，打造“地上、地表、地下”一体化的自然资源数据体系和“规划、实施、监督、评价”一体化的业务执行体系，但由于启动较晚，目前成效不明显。

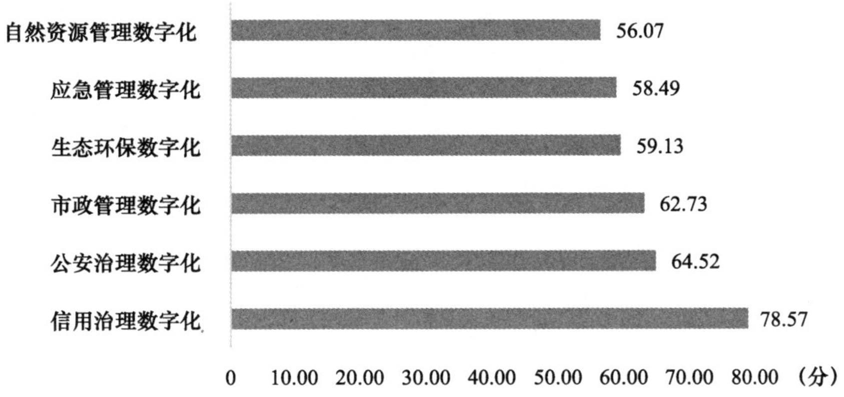

图 4－7　数字化治理三级指标平均分对比

得分高于60分城市超过全国的一半，深圳、北京、上海、成都、广州、杭州表现不俗。全国城市数字化治理指标平均得分63.25分，其中有超过一半的城市数字化治理得分在60分及以上。这与全国城市在公安治理、信用、生态环保、市政、应急和自然环境等领域数字化有所侧重，当前治理数字化整体水平快速提升有关。

从各城市来看，深圳、北京、上海、成都、广州等城市的数字化治理水平较高，均高于90分。从数字化治理三级指标来看，六个城市均存在多项指标第一。其中，北京、深圳、上海、成都四个城市在公安治理数字化、信用治理数字化、生态保护数字化、应急管理数字化四个方面表现突出，北京、上海、成都、杭州还在市政管理数字化方面并列排名第一。除此之外，我们可以看出位于80—90分的包括重庆、芜湖、常德和宁波，四个城市中，除重庆和宁波在信用治理数字化方面表现较好，其他几个城市均没有指标排名第一，但芜湖和常德分别作为三线城市和四线城市，在数字化治理方面取得全国前十的成绩仍然是值得惊喜的。

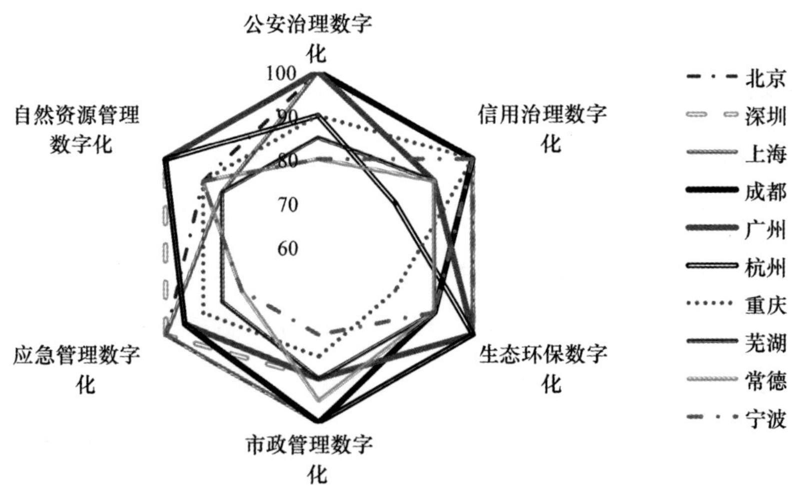

图4－8 数字化治理前十城市产业数字化三级指标得分

（五）数字化服务比较

第一，全国医疗数字化程度最高，生活环境数字化程度最低。从各城市数字化服务各单项指标数据显示，目前全国医疗数字化程度最高，平均得分65.50分，生活环境数字化程度最低，平均得分52.60分。医疗数字化的发展主要得益于中国起步早，早在2013年，国务院就明确提出要推进院内信息化与数据共享的建设、在线挂号与咨询的发展、药械电商的探索和物联网与智能设备的研发，2014年的《促进大数据发展行动纲要》中则首次将健康医疗大数据确定为重要的基础战略资源，2018年至今的《关于印发互联网诊疗管理办法（试行）》《关于印发医院智慧服务分级评估标准体系（试行）的通知》《关于加快药学服务高质量发展的意见》等政策的发行使得医疗数字化的程度进一步提高。相较而言，中国生活环境数字化得分较低，2020年中国才开始关注以数字化赋能生活环境治理。

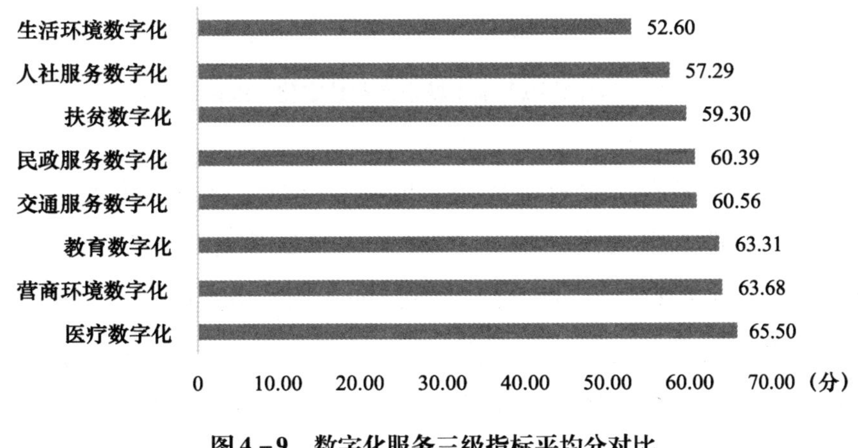

图4-9 数字化服务三级指标平均分对比

第二，全国城市数字化服务指标平均得分60.33分，其中有四成以上的城市数字化服务得分在60分及以上。说明全国各城市针对教育、医疗、交通服务、民政服务、人社服务、扶贫、营商环境、生活环境等方面的投入力度大，城市服务数字化程度较高。如在教育数字化方面，近些年出台的《中国教育现代化 2035》《加快推进教育现代化实施方案（2018—2022 年）》等政策都提出以信息化为重点，以提升质量为目标，推进教育新型设施建设，研究建设高质量教育支撑体系，中国教育数字化也取得了全国中小学互联网接入率已达 100%、“三通两平台”“三全两高一大”等行动持续推进、数字资源供给质量显著提升等成绩。

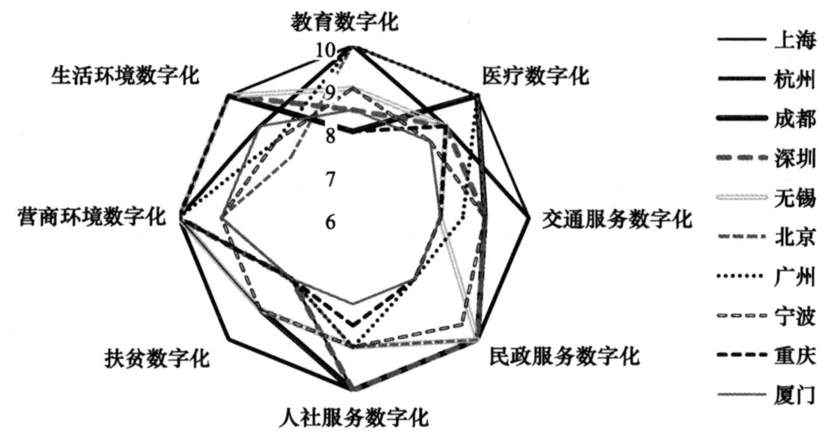

图 4－10　数字化服务前十城市产业数字化三级指标得分

从各城市来看，上海、杭州、成都、深圳、无锡、北京、广州的数字化治理水平较高，均高于 90 分。从数字化服务三级指标来看，七个城市均存在多项指标第一，如上海、杭州、成都、深圳、无锡、北京六个城市均在民政服务数字化方面取得了满分的成绩，上海、杭州、成都、深圳、无锡、广州六个城市还在营商环境数字化方面取得了满分的成绩。前十名中 90 分以下的城市包括宁波、重庆和厦门，除重庆在营商环境数字化和生活环境数字化方面得分较高外，其他两个城市均不存在指标单项第一情况。

（六）数字基础设施比较

第一，全国固网宽带应用渗透率较高，信息安全水平较低。全国平均数字基础设施得分 64.15 分，数字基础设施发展较为完善。从各城市数字基础设施各单项指标数据显示，目前全国固网宽带应用渗透率建设水平最高，平均得分 77.00 分，信息安全建设水平最低，平均得分 57.40 分。固定宽带应用渗透率的提高得益于“宽带中国”、网络提速降费、工业互联网指导等重大政策的提出与实施。根据工信部统计数据，截至 2020 年年底，互联网宽带接入端口数量达到 9.46 亿个，比 2019 年年末净增 3027 万个。其中，光纤接入（FTTH/0）端口达到 8.8 亿个，比 2019 年年末净增 4361 万个，占互联网接入端口的比重由 2019 年年末的 91.3% 提升至 93%。相较而言，中国信息安全发展水平较低。尽管 2021 年中国出台了《网络安全产业高质量发展三年行动计划（2021—2023 年）（征求意见稿）》《“十四五”信息通信行业发展规划》《“十四五”大数据产业发展规划》等一系列政策文件，提出要开展数据安全铸盾行动，加强数据安全管理能力，但政策的见效仍需一段时间。

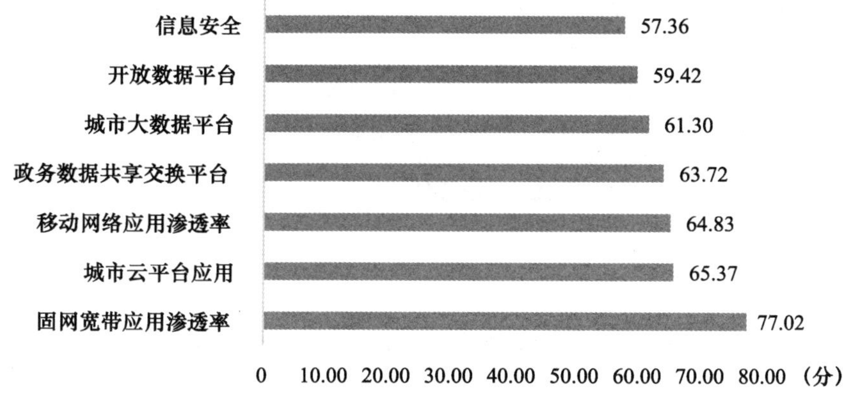

图 4－11　数字基础设施三级指标平均分对比

第二，从各城市来看，全国城市数字基础设施指标平均得分64.15分，得分高于60分的城市接近全国的六成，说明城市数字经济与实体经济融合领域对数字经济设施的重视程度更高，各城市在数字经济与实体经济融合方面的数字基础设施建设水平较高。

从各城市来看，深圳、广州、上海、北京、成都、杭州的数字基础设施水平较高，均高于90分。其中，深圳在城市云平台应用和城市大数据平台方面表现良好，上海在移动网络应用渗透率方面表现突出，深圳、北京和广州在政务数据共享交换平台方面表现突出。深圳在数字基础设施方面发展强劲是因为深圳是全国最早发展数字经济的城市之一，涌现了华为、腾讯等一系列互联网企业，华为为深圳领先的数据基础设施及智能化升级方面贡献了重要力量，包括承接了深圳市政务云建设，构建“数字深圳”底座，打造深圳机场的高端双活容灾平台，保障机场进出港系统业务连续性等。

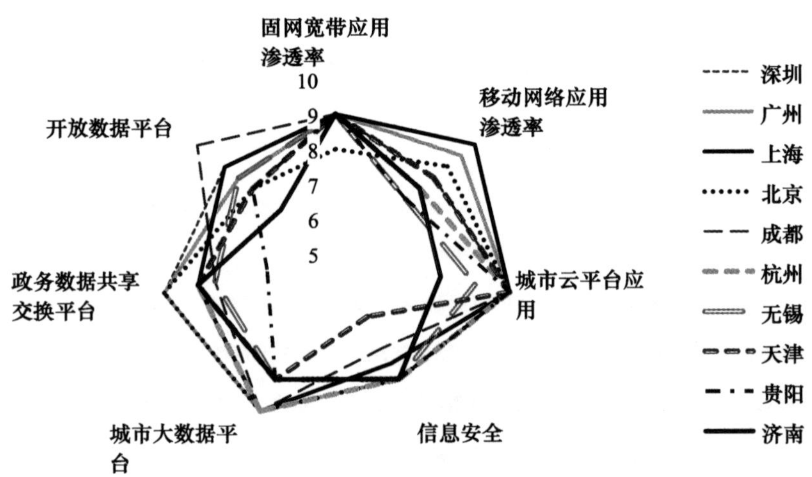

图4－12 数字基础设施前十城市产业数字化三级指标得分

（七）全国总体情况小结

通过以上分析发现中国数字经济与实体经济融合呈现以下特点：第一，中国各城市数字化治理、数字化服务和数字基础设施的发展已经较为完善，而产业数字化和数字产业化的发展仍有较大提升空间。第二，全国各城市融合程度呈现东部沿海地区高，西部地区较低态势。北京、上海、深圳、广州、杭州等城市是中国数字经济与实体经济融合的典范。

二　代表性地区视角

通过对各城市所属省份进行匹配，并用各城市平均水平来代表所在省份数字经济与实体经济整体融合情况，通过对比发现，江苏、浙江、广东、山东、福建是中国数字经济与实体经济融合程度前五的省份，因此我们选取江苏、浙江、广东、山东、福建作为代表性地区，考察代表性地区在产业数字化、数字产业化、数字化治理、数字化服务和数字基础设施方面的优势和劣势。

（一）整体融合度比较

第一，江苏4项指标排名第一，浙江在数字产业化方面排名第一。由表4－2我们可以看出，江苏省产业数字化、数字化治理、数字化服务、数字基础设施4项指标均在代表性地区中排名第一，数字产业化方面相比较而言略低，但难以改变整体排名趋势，因此我们认为江苏省为率先引领型。排名第二的浙江省仅在数字产业化一项指标中具有优势，但在其他4项指标中均表现不俗，除数字基础设施以外，其他指标仅次于江苏省，因此我们认为浙江省为均衡发展型。排名三、四、五的广东、山东、福建均有一项或多项指标得分较低，如广东省在数字化治理方面，山东省在数字产业化方面，福建省在产业数字化、数字化服务和数字基础设施方面在五个地区中相对落后，因此我们认为广东、山东和福建为紧追争先型。

表4－2 代表性地区数字经济与实体经济融合的二级指标得分情况 （单位：分）

地区	产业数字化	数字产业化	数字化治理	数字化服务	数字基础设施	总体
江苏	60.68	41.15	73.33	73.13	78.13	65.29
浙江	55.82	45.68	68.71	68.98	72.34	62.31
广东	54.77	45.29	65.74	67.21	72.82	61.16
山东	54.09	30.78	67.08	67.54	71.43	58.19
福建	51.26	37.78	67.50	61.88	69.13	57.51
全国平均	45.26	29.18	63.25	60.33	64.15	52.44

第二，江苏13个市数字经济与实体经济融合均衡发展，浙江、广东城市发展不均，如图4－13所示，江苏、浙江、广东、山东、福建的地级市中分别有76.92%、72.73%、47.06%、37.50%、33.33%处于中等偏上位置，江苏和浙江各城市整体集中在第四梯队，广东和山东各城市整体集中在第五梯队，福建各城市整体集中在第六梯队。从各城市来看，苏州（82.64分）、杭州（91.78分）、深圳（94.54分）、青岛（76.65分）、福州（77.53分）分别位列五个省份第一。江苏省排名第一的苏州数字经济与实体经济融合程度明显不如浙江杭州和广东深圳，但江苏省各城市融合程度相对均衡，苏州、无锡和南京均处于第二梯队，南通处于第三梯队，常州、盐城、镇江、连云港、扬州、泰州6个城市均位于第四梯队，因此整体融合程度较高。而浙江省除杭州融合度较高以外，仅有宁波一个城市处于第二梯队，且存在一个第七梯队成员，因此整体融合度排名在各省份中仅居第二。

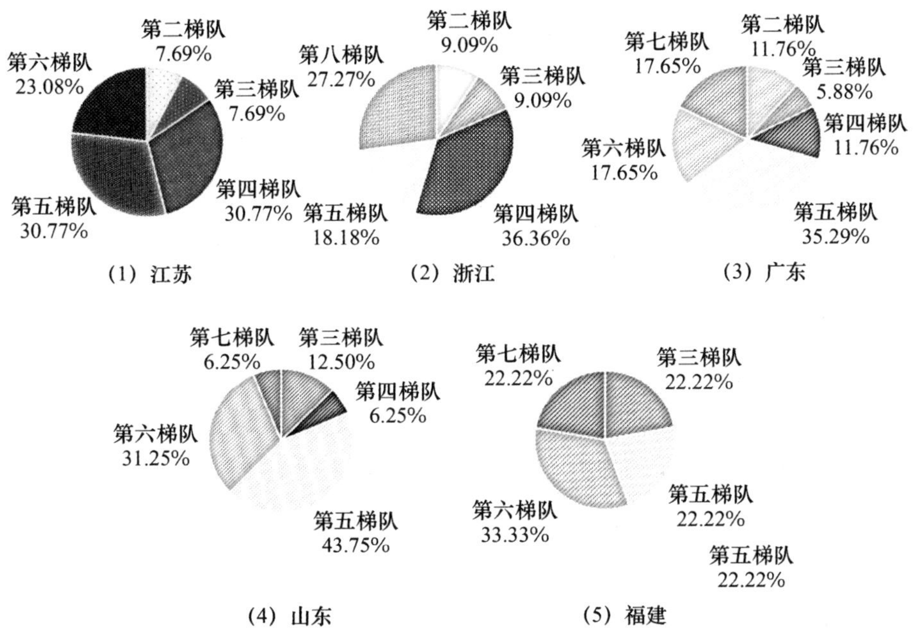

图4-13　代表性地区各城市产业数字化分布图

（二）产业数字化比较

第一，江苏产业数字化程度最高，福建产业数字化程度最低。如表4-3所示，江苏、浙江、广东、山东、福建的产业数字化得分分别为60.68分、55.82分、54.77分、54.09分、51.26分，仅有江苏省产业数字化得分高于60分。从各地区的二级指标来看，江苏省在能源数字化、生活服务数字化、交通物流数字化、医疗健康数字化方面均排名第一，这与江苏省数字和产业融合政策的提出有关。江苏省致力于发展数字化生活和服务业、着力构建高水准的智慧交通体系、推进健康医疗大数据共建共享共用、“互联网+医疗健康”示范省建设和新一代信息技术安全应用，力促传统产业数字化转型和智能化升级，着力培育产业融合发展新动能，激发产业发展新活力；浙江省在金融数字化方面排名第一，这得益于杭州国际金融科技中心的建设、金融科技创新监管工具的实施、浙江省数字人民币的试点。同时，浙江省还分批推动区域性股权市场改革，深化完善金融风险“天罗地网”监测防控系统；广东省在制造业数字化方面排名第一，这与《广东省深化“互联网 + 先进制造业”发展工业互联网实施方案及配套政策措施》《广东省工业企业上云上平台服务券奖补工作方案（2019）》《广东省制造业数字化转型实施方案（2021—2025）》《广东省制造业数字化转型若干政策措施》等一系列政策文件的出台有关。除此之外，作为农业大省的山东，在农业数字化方面表现不俗，山东研究和开发了适合山东情况的主要粮食、油料、棉花、蔬菜等作物的高产优质高效智能化决策系统，以及优质专用小麦生态分布与评价地理信息系统等一系列的先进农业技术。

表 4 – 3　代表性地区产业数字化的三级指标得分情况　（单位：分）

省份	农业	金融	制造业	能源	生活服务	交通物流	科教文体	医疗健康	产业数字化
江苏	50. 23	65. 15	65. 31	59. 54	64. 15	65. 38	56. 15	59. 54	60. 68
浙江	40. 36	67. 82	59. 73	57. 91	62. 00	49. 55	53. 27	55. 91	55. 82
广东	38. 29	59. 53	67. 71	59. 29	58. 24	60. 82	50. 41	43. 88	54. 77
山东	52. 69	57. 31	64. 06	49. 31	53. 19	54. 69	57. 56	43. 94	54. 09
福建	20. 78	51. 22	57. 11	55. 78	60. 22	62. 11	60. 22	42. 67	51. 26

第二，江苏、浙江、广东、山东、福建的地级市中分别有 46. 15%、54. 55%、29. 41%、18. 75%、22. 22% 处于中等偏上位置。如图 4 – 13 所示，江苏、浙江城市多集中在第四梯队，广东、山东城市多集中在第五梯队，而福建城市多集中在第六梯队，省份整体排

名与各城市所属梯队密切相关。从各城市看，江苏、浙江、广东、山东、福建排名第一的城市分别是南京（82.63）、杭州（82.25）、广州（87.50）、济南（77.00）、厦门（71.50）。江苏省排名最高的南京产业数字化程度虽然小于广东广州，但江苏省排名最后的淮安在五个省份城市排名中仅排倒数第十三，倒数前十里广东省潮州、阳江、韶关、汕头就占到四席，因此整体排名不如江苏。

（三）数字产业化比较

第一，浙江数字产业化程度最高，山东数字产业化程度最低。由表4-4可以看出，浙江、广东、江苏、福建、山东在数字产业化方面的得分分别为45.68分、45.29分、41.15分、37.78分、30.78分，各地区得分均不高。浙江在数字产业化上的优势与其数字产业化驱动产业的发展有关，近些年来，浙江省积极提升数字科技创新策源能力，加快建设数字科技创新中心，加强数字科技基础研究和关键核心技术攻关，打造创业创新最优生态，力争做强基础产业，做优新兴产业，布局未来产业。在数字产业主体产业方面，广东省排名第一，这与广东省大力发展新一代电子信息产业、软件与信息技术服务业、人工智能和大数据产业等政策有关。

表4-4　　代表性地区数字产业化的三级指标得分情况　　（单位：分）

省份	数字产业化驱动产业	数字产业化主体产业	数字产业化
浙江	51.82	39.55	45.68
广东	47.65	42.94	45.29
江苏	45.38	36.92	41.15
福建	43.33	32.22	37.78
山东	31.25	30.31	30.78

第二，浙江、广东、江苏、福建、山东分别存在 18.18%、23.53%、30.77%、33.33%、18.75% 的地级市中处于中等偏上位置。如图 4－14 所示，各省份城市数字产业化程度均集中于第七梯队，整体发展进程迟缓。从各城市来看，浙江、广东、江苏、福建、山东排名第一的城市分别是杭州（95.00）、深圳（100.00）、苏州（85.00）、厦门（71.50）、济南（71.38）。浙江省排名第一的杭州数字产业化发展程度尽管不如广东深圳，但浙江省第七梯队城市占比小于广东省，整体来说发展较为均衡，因此浙江省整体产业数字化程度高于广东省。

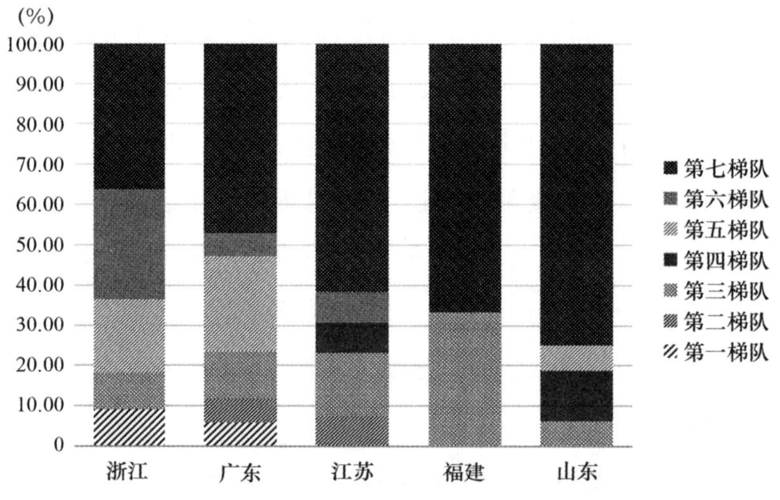

图 4－14　代表性地区各城市数字产业化分布

（四）数字化治理比较

第一，江苏数字化治理程度最高，广东数字化治理程度最低。由表 4－5 可以看出，江苏、浙江、福建、山东、广东数字化治理得分分别为 73.33 分、68.71 分、67.50 分、67.08 分、65.74 分。从三级指标来看，江苏省在公安治理数字化、信用治理数字化、市政管理数字化、应急管理数字化、自然资源管理数字化五项指标均排名第一，这与江苏省警务大数据工程、人社部门五级一体化信息平台、应急管理服务中心、江苏省自然资源大数据平台等平台的建设有关。浙江省在生态环境数字化方面排名第一，这与浙江省积极推进生态环境数字化改革，全面推动数字化技术与生态环境保护业务的深度融合，综合运用环境质量、污染源管理等大数据分析，构建地上地下、陆海统筹生态环境质量监测、预警监控体系，提升生态环境全要素态势智慧感知能力等行动的实施有关。

表 4－5　代表性地区数字化治理的三级指标得分情况　（单位：分）

省份	公安治理数字化	信用治理数字化	生态环保数字化	市政管理数字化	应急管理数字化	自然资源管理数字化	数字化治理
江苏	75.00	86.92	68.46	75.00	67.69	66.92	73.33
浙江	66.36	80.00	71.36	66.36	62.27	65.91	68.71
福建	70.00	79.44	70.00	66.11	65.56	53.89	67.50
山东	69.69	82.50	60.94	66.56	62.50	60.31	67.08
广东	67.65	74.41	59.12	66.76	66.76	59.71	65.74

第二，江苏、浙江、福建、山东、广东的地级市中分别有 92.31%、72.73%、88.88%、75.00%、58.83% 处于中等偏上位置。如图 4－15 所示，江苏城市多集中在第二梯队，浙江城市多集中在第三梯队，福建、山东、广东城市多集中在第三梯队。从各城市来看，江苏、浙江、福建、山东、广东排名第一的城市分别是苏州（85.83）、杭州（94.17）、福州（80.00）、烟台（81.67）、深圳（98.33）。江苏省排名第一的苏州数字化治理程度远不如广东深圳和浙江杭州，但广东省揭阳、潮州、韶关三个城市处于第六梯

队，浙江省第五梯队城市占比远大于江苏省，拉低了两个地区的整体水平。

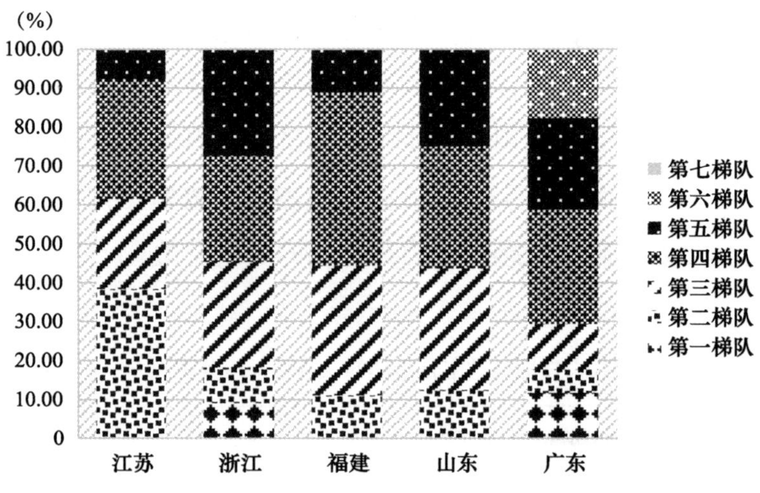

图4-15 代表性地区各城市数字化治理分布

（五）数字化服务比较

第一，江苏数字化服务程度最高，福建数字化服务程度最低。由表4-6可以看出，江苏、浙江、山东、广东、福建数字化服务的得分分别为73.13分、68.98分、67.54分、67.21分、61.88分。江苏在教育数字化、医疗数字化、交通服务数字化、民政服务数字化、人社服务数字化、扶贫数字化、生活环境数字化七项指标均排名第一，在营商环境数字化方面也表现不俗。这与江苏省数字化服务相关政策的积极推进有关，如在医疗数字化方面，江苏省积极推进"智慧医保"项目实施，建设全省统一入口的医疗保障公共服务云平台，积极发展互联网医疗，强化健康医疗大数据开发应用。浙江省在营商环境数字化方面排名第一，达到77.73分。近些年来，浙江通过互联网实现企业开办及监管的精简措施，开展"互联网+执法监管"，推行"综合查一次"联合执法，实现"进一次门、查多项事，一次到位”。对于平台经济的监管，浙江在全国率先出台了平台经济监管的20条意见，第一个上线“浙江公平在线”平台经济数字化监管系统，优化全链条闭环监管制度。

表4－6　代表性地区数字化服务的二级指标得分情况　（单位：分）

省份	教育数字化	医疗数字化	交通服务数字化	民政服务数字化	人社服务数字化	扶贫数字化	营商环境数字化	生活环境数字化	数字化服务
江苏	75.00	79.23	72.31	73.08	71.92	71.54	74.23	67.69	73.13
浙江	71.36	68.64	66.36	67.73	67.27	67.27	77.73	65.45	68.98
山东	71.25	71.56	66.88	69.38	68.44	63.75	68.44	60.63	67.54
广东	64.71	68.53	66.76	68.53	67.65	67.06	73.24	61.18	67.21
福建	66.11	69.44	66.67	58.33	58.89	57.78	58.89	58.89	61.88

第二，江苏、浙江、广东、山东、福建的地级市中分别有92.31%、72.73%、75.00%、64.71%、88.89%于中等偏上位置。如图4－16所示，江苏、浙江、山东城市多集中在第三梯队，广东城市多集中在第五梯队，福建城市多集中在第四梯队，各省份城市所属梯队与地区整体排名不完全一致。从各城市来看，江苏、浙江、山东、广东、福建排名第一的城市分别是无锡（92.50）、杭州（97.50）、济南（82.50）、深圳（93.13）、厦门（83.75）。江苏省排名第一的无锡数字化服务水平不及浙江杭州和广东深圳，但江苏省92.31%的城市处于中等偏上水平，仅淮安一个城市位于第五梯队，因此整体排名较高。

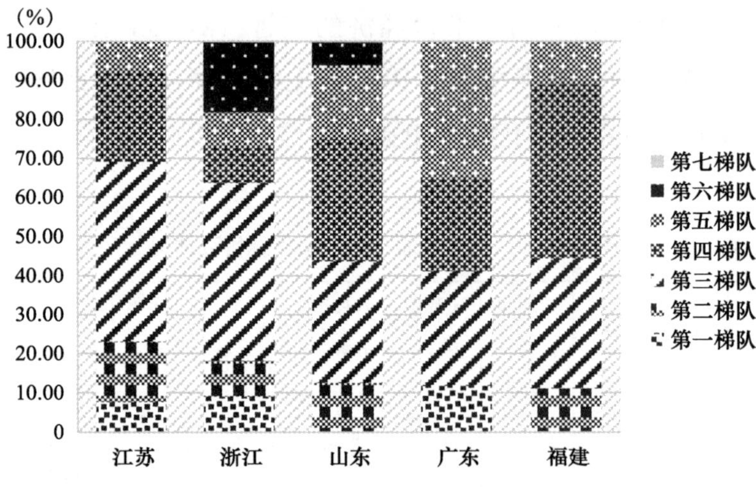

图4－16 代表性地区各城市数字化服务分布图

（六）数字基础设施比较

第一，江苏数字基础设施建设水平最高，福建数字基础设施建设水平最低。由表4－7可以看出，江苏、广东、浙江、山东、福建数字基础设施的得分分别为78.13分、72.82分、72.34分、71.43分、69.13分。江苏省在城市云平台应用、信息安全、城市大数据平台、政务数据共享交换平台、开放数据平台五项指标中均排名第一。“十三五”期间，江苏省确立了全省一体化大数据中心“1＋13＋N”总体架构，构建省大数据“两地三中心”布局，集约化建设达成共识，新建系统全部上云、存量系统逐步上云。电子政务外网实现省、市、县、乡、村五级全覆盖，接入点达3.2万个。人口、法人、电子证照、自然资源和空间地理、社会信用等基础数据库基本建成，公共数据归集治理稳步推进。统一身份认证、电子印章、电子支付等系统全面部署，跨地区跨部门跨层级公共服务能力显著提升。浙江省在固定网络宽带应用渗透率和移动用户应用渗透率两项指标排名第一，这与浙江省加速5G网络、数据中心、工业互联网等新型基础设施的建设有关。

表 4－7 代表性地区数字基础设施的二级指标得分情况 （单位：分）

省份	固网宽带应用渗透率	移动网络应用渗透率	城市云平台应用	信息安全	城市大数据平台	政务数据共享交换平台	开放数据平台	数字基础设施
江苏	89.23	69.62	80.38	77.69	77.69	75.00	77.31	78.13
广东	81.76	71.18	76.76	65.29	68.53	72.94	73.24	72.82
浙江	90.00	73.18	70.45	67.73	64.09	70.91	70.00	72.34
山东	80.63	67.81	73.75	72.19	65.94	71.88	67.81	71.43
福建	87.78	69.44	67.78	70.56	61.11	63.33	63.89	69.13

第二，江苏、广东、浙江、山东、福建的地级市中分别有100%、82.35%、90.91%、81.25%、100%处于中等偏上位置。如图4－17所示，江苏城市多集中在第二梯队，广东、福建城市多集中在第四梯队，浙江、山东城市多存在于第三梯队。从各城市来看，江苏、广东、浙江、山东、福建排名第一的城市分别是无锡（86.43）、深圳（95.00）、杭州（90.00）、济南（84.29）、福州（80.00）。江苏省排名第一的无锡数字基础设施建设水平远不如广东深圳和浙江杭州，但江苏省100%的城市处于中等偏上水平，53.85%的城市位于第二梯队，因此整体数字基础设施建设水平较高。

通过以上分析发现中国代表性地区数字经济与实体经济融合呈现以下特点：江苏省发展程度较高得益于13市均衡发展。江苏省各城市在代表性省份城市中虽不存在单项指标第一情况，但江苏省13市均衡发展，基本不存在得分倒数现象，而广东省潮州、韶关等城市数字经济与实体经济融合程度相对较低，因此广东省整体排名不如江苏。

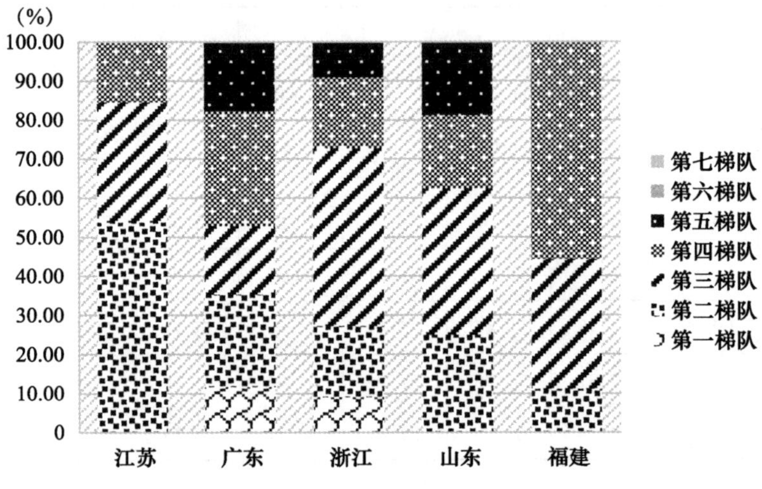

图 4-17 代表性地区各城市数字基础设施分布图

第三节 基于数字经济与实体经济融合测度的结论与建议

基于数字经济与实体经济融合的指标体系，对中国 31 省市 242 个城市数字经济与实体经济融合程度研究的主要结论是：第一，中国各城市数字化治理、数字化服务和数字基础设施的发展已经较为完善，而产业数字化和数字产业化的发展仍有较大提升空间。第二，全国各城市融合程度呈现东部沿海地区高，西部地区较低态势。北京、上海、深圳、广州、杭州等城市是中国数字经济与实体经济融合的典范。第三，代表性地区中江苏省发展程度较高得益于 13 市均衡发展。江苏省各城市在代表性省份城市中虽不存在单项指标第一情况，但江苏省 13 市均衡发展，基本不存在得分倒数现象。

因此提出如下建议：一方面，补齐数字产业化和产业数字化短板。在数字产业化方面，应加强基础研究和应用研究，增强关键技术创新能力，瞄准传感器、量子信息、网络通信、集成电路、关键软件、大数据、人工智能、区块链、新材料等战略性前瞻性领域，提高数字技术基础研发能力，同时也要继续做大做强软件和信息服务业、电子信息制造业等数字产业，推动数字产业化进一步发展。在产业数字化方面，应重点关注医疗健康和农业数字化领域，进一步推进医疗信息化与数据共享的建设、药械电商的探索和物联网与智能设备的研发等，构建农业农村基础数据资源体系，加强农业核心技术攻关。另一方面，鼓励优势城市定点帮扶弱势城市。北京、上海、深圳、广州、杭州等城市作为中国数字经济和实体经济融合发展强势城市，应积极主动向弱势城市实施定点帮扶。中西部地区相对弱势城市也要加速学习优势城市经验教训，加快医疗健康数字化、应急管理数字化、生活环境数字化、数字产业化主体产业等产业数字化发展，以科技创新和产业升级布局作为未来经济发展制高点，发挥后发优势，加快数字经济和实体经济融合发展，助推经济高质量发展。

第五章

数实融合的案例分析与模式比较

新一轮科技革命和产业变革方兴未艾，以大数据、云计算、人工智能等为代表的新一代信息技术促使经济社会发生深刻变化，数字经济蓬勃兴起，数字技术广泛渗透于生产生活。根据中国信息通信研究院的数据，2020 年中国数字经济规模达到 39.2 万亿元，占 GDP 比重为 38.6%，目前位居世界第二。与此同时，数字产业化和产业数字化加速演进，进一步推动数字经济与实体经济深度融合，已经成为完善现代化经济体系、实现高质量发展的重要路径。本部分以大型企业徐工集团和中小企业代表合信智能为案例，分析不同企业数字经济技术应用和数字化转型的模式和特征。

第一节　大型企业数字经济技术应用分析

一　徐工集团发展概况

徐工集团成立于 1989 年，始终保持中国工程机械行业排头兵地位，目前位居世界工程机械行业第 4 位，中国机械工业百强第 4 位，世界品牌 500 强第 427 位，是中国工程机械行业规模宏大、产品品种与系列齐全、独具竞争力和影响力的大型企业集团。徐工集团积极实施“走出去”战略，产品销售网络覆盖 183 个国家及地区，在全球建立了280多个海外网点为用户提供全方位营销服务，年出口突破16亿美元，连续30年保持行业出口额首位。目前，徐工集团9类主机、3类关键基础零部件市场占有率居国内第1位；5类主机出口量和出口总额持续位居国内行业第1位；汽车起重机、大吨位压路机销量全球第1位。徐工在扎实稳健的全球市场建设中，逐步构建形成了涵盖2000余个服务终端、6000余名技术专家、5000余名营销服务人员，辐射183个国家和地区的庞大高效网络，不断为全球客户提供售前、售中、售后及融资租赁，一站式、一体化的高效便捷服务。行走在技术最前沿的徐工，以打造最具价值创造力的世界级企业为己任，以持续超越领跑世界工程机械行业新风向。徐工从传统单一的兵工、农用设备发展到工程起重机械、铲土运输机械、混凝土机械、挖掘机械、道路机械、矿用工程机械等14大门类产品，这一路斩荆棘、克险阻，走出了一条自主摸索、技术引进、自主创新的产业技术发展之路。转型时期，徐工集团通过创新应用卓越绩效、精益六西格玛、全员大质量等先进管理理念，紧抓调整契机，全面打造全球管控、战略落地、科学管理、高效流程、卓越绩效等优势，塑造独具特色的卓越管理新标杆。

二　徐工集团智慧化发展特色

近年来，徐工集团着力打造全价值链一体化管控平台，推动全球业务的深度衔接和高效协同。基本实现了信息化在研发设计、生产制造、供应链、销售、服务等各环节的全面覆盖、渗透融合和综合集成。

一是实现智能化发展。徐工集团从研发设计和产品信息化两个方面，着力推进工程机械产品从“制造”向“智造”转型。企业通过构建高效统一的数字化协同设计平台，统一标准、编码、流程、平台和研发工具，实现研发数据的集中管理和共享，降低了研发成本，实现新产品上市时间从半年缩短为3个月。下一步，企业将建立开放式的产品协同研发网络，实现与关键零部件厂商在研发阶段的整体协同能力。在产品数字化、网络化和智能化方面，徐工集团结合高新技术改造，取得了许多自主创新成果。通过采用计算机技术、车辆负荷传感自动变速等高新技术，对沥青混凝土摊铺机、沥青混凝土搅拌站、装载机等产品进行全面升级，提高了相关产品的智能化水平。实施工程机械机群智能化工程，通过应用有线、无线数据自动交换技术、GPS 技术、智能故障诊断与预测技术、工作状态监控技术、在线检测等先进技术，开发出涵盖大型自卸车及汽车起重机等大型施工设备的智能化机群，满足了用户对工程机械全面智能化的新需求，推动了中国工程机械行业的技术进步。

二是提高过程管控水平。在生产过程中，徐工集团实现了关键数控设备及大型加工中心和研发设计系统的集成，能够实时掌握生产状态，自动监控和记录设备状况，对车间现场进行网络化监控和可视化管理。通过生产能力平衡系统、配送系统、看板管理、制造执行系统的全面集成，基本实现了生产过程的自动化管理和控制，增强了生产管理的科学性和灵活性，使生产能力提高了 40%、配套率提高了 8%、按时交货率提高了 12%、库存周转率提高了 20%、报废返工率降低了 0.2%，实现了多品种产品的同时排产和混线生产，提高了企业柔性生产制造水平。

三是打造现代物流平台。徐工集团以供应链管理为主线，利用条码、射频识别等新技术，建立了现代物流管理信息平台和立体化仓库。企业的年度、月度计划，批次计划，送货计划与供应商、外协单位实现了全面集成，并通过物流管理系统的延伸，实现了与供应商的协同运作。目前，徐工集团和宝钢、上柴等 189 家主要协作厂商建立了数字化物流通道，宝钢等直接根据徐工采购计划形成自己的生产计划，实现了徐工生产计划与供应商供应计划的衔接，改变了原来那种单枪匹马的企业竞争策略，形成优势互补的供应关系，降低了采购费用，实现了零库存。下一步，徐工集团将实现与供应商在生产过程、生产能力和生产质量等方面的全面协同，建立一个相互支持的工程机械产业现代物流群，缩小企业配套半径，提高整个供应链的协调性，不断追求成本降低和资金周转加快，以实现整体效益提升，使企业在竞争中处于领先地位。

三 徐工集团数字化智能化发展的启示

一是数字经济助力制造业企业完善生产及管理流程。在制造企业生产及管理过程中，利用数字经济重构制造企业组织流程，使得企业可以通过生产设备运转过程中产生的大量数据进行价值创造，推动企业生产运行、运营维护、管理决策的数字化和智能化，从而提升制造业企业生产、运营和管理效率。徐工集团数字经济技术的运用有效地提升了徐工集团的生产效率和管理效率，核心竞争力不断增强。

二是搭建数字经济服务平台是制造业企业转型升级的重要方式。依托数字经济搭建的平台型产业组织模式是当下推进制造业转型升级的重要载体，具有以下两方面优势：一方面，基于产业互联网平台，行业中不同企业或上下游企业能够实现企业间协同互动、协同制造所需要的业务信息的实时交换，从而打破企业间的信息壁垒，真正构建产业互联网体系，通过整合利用不同企业的资源数据，优化整个产业链层面的资源配置，进而提升产业体系运转效率。徐工集团以供应链管理为主线，利用条码、射频识别等新技术，打造现代物流平台，实现了与供应商的协同运作，有效地证明了基于数字经济平台管理模式的优越性。另一方面，基于平台在生产过程中生成的数据优势，运用数字经济的深度挖掘和分析能力，探寻行业共性问题及创造新知识，从而促使行业解决方案的高效持续改进并加快行业领域知识积累，不断提高行业平均全要素生产率。

三是数字化为制造业企业产业链延伸提供了可能性。数字经济技术的应用改变了制造业对数据的传统认知，使企业真正做到以数据作驱动，实现制造业数字化、智能化升级。将数字经济技术应用于产品制造过程，以过程数字化为基础，应用工业大数据与云计算、物联网、移动互联网等技术的融合应用使得海量的数据能够实时的采集、监控和感知，生产环节之间的联系和互动更为紧密，在其基础上应用语音识别、视觉识别、机器学习等数字经济技术，并将其全面渗透至产业链的各个环节，助力制造业在创新及转型升级上走出新的道路。以数字化为基础实现产业链延伸产品以及供应链的数字化不仅提升了供应链的运行效率，还通过数字化手段将产品端、销售端、服务端的数据贯通，形成闭环模式，帮助企业提升产业链的响应效率。另外还可以通过在产品端植入芯片等信息载体将产品的制造数据、销售数据、使用数据乃至报废过程的数据全面整合，为产品研发端、售后服务端等全生命周期过程提供数据支撑，帮助企业实现模式及效率创新。

第二节　中小型企业数字经济应用分析

一　合信智能的发展概况

2016 年 3 月，合信智能落户南京新港国家经济技术开发区红枫科技园，致力于为重工业提供智能制造解决方案。合信智能主要从事重工业智能制造整体解决方案的研发、生产及销售，是以“工业人工智能机器人系统及工业物联网”为核心技术，拥有具有自主知识产权的 SCADA 系统、工业智能网关、工业专家云平台、机器人智能编程软件、重载型复合 RGV 及 AGV 物流单元等核心技术的产业模块，并将产业升级战略提升到涵盖产品全生命周期的数字化、智能化制造全过程，致力于为重工业企业提供智能制造集成解决方案的高新技术企业。较早进入重工智能化改造领域，凭借在焊装领域的技术积累，在智能工厂焊装领域具有较强的先发优势和占有率，在“基于机器人免示教自动焊接技术的智能工厂解决方案市场”占有率拥有较强竞争实力，根据江苏省人工智能行业协会的证明，在该领域 2019 年全国市场占有率为 45%，位于行业前 3 名，在全省市场占有率为 80%，位于行业第一。自成立以来，合信智能先后为上海振华重工电气、中联重科、临工集团、徐工集团、中船重工等大型重工业企业提供智能制造整体解决方案，技术能力覆盖设计、制造、实施建设全过程，为客户提供“交钥匙服务”。研究开发的“工业人工智能机器人系统”，包含了“机器人智能传感器和智能软件”和“嵌入式智能总线控制系统”，为传统工业机器人装上了“眼睛”和“大脑”，目前研发产品已为工程机械制造业、港口机械制造业、新能源、船舶工业等行业打造了多条全国首套数字化灯塔工厂。

二　合信智能的特色优势

与美国、德国相比，中国的智能制造更应采取“软硬兼施”的“混合版”模式。合信智能正是秉持这一模式，展示出一定的特色优势。一方面，从软件到硬件展示出强劲的技术研发实力。基于具有自主知识产权的软、硬件技术基础，形成了以“焊接工艺云平台”“结构强度和焊接路径仿真技术”“机器人免示教参数化编程技术”“数控高精度大扭矩回转工作台技术”“AI 视觉寻踪和跟踪技术”“重型智能物流系统”为基础，“IMS 信息化系统”和“SCADA 系统”为支撑的智能工厂技术框架，针对重工业客户诉求，构建了信息化、软件、硬件深度融合的智能工厂整体方案。另一方面，从硬件到软件显示出丰富的行业解决经验。智能化生产线行业需要对客户工艺、生产流程充分理解，从技术方案的设计、机械、电气及设备的选用匹配、现场施工指导培训各方面服务客户。核心管理团队深耕重工业生产线智能化多年，对起重机桁架、重型车辆结构、船舶结构、重型物流系统等大型设备的生产工艺流程非常精通，深入了解下游客户的需求，能够以客户需求为出发点进行技术研发和产品设计，其技术成果的针对性和实用性更强，可以提供优质的整体方案。当然，还有精湛的人才队伍。合信智能已经培养出了成熟的设计、供应链管理、制造、项目施工团队，拥有本科及以上学历人才 40 余人，高级工程师数十名的研发创新团队，已经完全具备了年实施 10 个以上千万级规模智能工厂项目的能力，以 70 人团队支撑 2 亿元销售额，通过现代化企业管理模式，各方面能力稳步提升，产能规模也在不断提高。

三　合信智能的发展规划

中国已经成为世界工厂，制造业是中国的支柱产业，智能制造是中国制造业发展的趋势，智能制造装备是制造业转型升级的关键。未来，智能制造装备行业也将向自动化方向发展。为此，以国家智能制造发展规划为导向，合信智能制定了不同阶段的发展规划。

短期规划，打造离散型智能制造的样本工程。凭借自身在焊装领域的技术积累，在智能工厂焊装领域具有较强的优势，合信智能将建立自己的智能制造工厂，打造离散型智能制造的示范工厂，工程的总体设计、工艺流程及布局将建立数字化模型，进行模拟仿真，实现规划、生产、运营全流程数字化管理，实现企业设计、工艺、制造、管理、物流等环节的产品全生命周期闭环动态优化，推进企业数字化升级、装备智能化升级、工艺流程优化、精益生产、可视化管理、质量控制与追溯、智能物流等方面的快速提升。

中期规划，从项目型企业向产品型企业转型升级。在发展初期，一直以单一项目的形式，为重工企业提供完善的数字化工厂的解决方案及工程应用。在发展过程中，通过不断地进行模块化的设计及加大各个环节产品研发的验证，在机器人人工智能的二次开发、IMS信息化系统的开发、产品的过程监控、智能物流等方面有深厚积累和沉淀。在未来五年里，将加大工业机器人人工智能的研发力度，重点攻关“工业机器人智能传感器及智能软件”“基于5G技术的产品过程监控”“工业制造工艺专家云平台”这三个方向，力争开发出具有国内领先技术的工业人工智能产品，实现从重工业的数字化工厂解决方案的提供商向工业制造人工智能通用产品转型升级。

长期规划，以集团化发展助力中国智能制造“走出去”。目前，企业以南京本部为研发核心，已在湖南长沙、江苏徐州分别设立分公司，未来将在华东、华中、西南等地区继续拓展业务范围。企业已与多家金融机构签订意向投资协议，并筹划科创板上市，按照现代化企业标准组织生产经营，实现集团化、规范化发展。在更远的将来，随着企业经营规模的不断壮大，在“一带一路”倡议的引领下，以重工业为突破点，将中国重工业智能制造方案推向国际，为全球智能制造提供中国方案。

四　合信智能提供智能生产方案的启示

一是数字经济技术应用的新模式推动制造业产业体系优化升级。人工智能是基于信息通信技术产业发展而来，围绕人工智能技术的商业化和产业化将推动以人工智能为主导技术的智能科技服务业蓬勃发展。而智能科技服务业与制造业融合发展对二者都具有重要意义，是产业转型升级的内在要求。因此，应积极推进以人工智能为主导技术的智能科技服务业与制造业融合发展，通过在制造业的生产端和产品端融入智能科技服务，推动制造业的服务化转型。大力发展以智能化为特征的服务型制造业，将扩大对以人工智能为主导技术的智能科技生产性服务业的需求，为生产性服务业高质量发展创造条件。基于此，随着高质量发展的生产性服务业所具备的技术和知识服务嵌入制造业中，将逐渐形成良性的互补式增长，最终促使整个制造业产业体系的优化。合信智能自成立以来，先后为上海振华重工电气、中联重科、临工集团、徐工集团、中船重工等大型重工业企业提供智能制造整体解决方案，技术能力覆盖设计、制造、实施建设全过程，研发产品已为工程机械制造业、港口机械制造业、新能源、船舶工业等行业打造了多个全国首套数字化灯塔工厂。这种合作模式推动了人工智能技术的广泛应用，具有较强的现实意义。

二是数字经济技术的应用有效增加制造环节的经济附加值。制造业升级的目标是走出价值链锁定的低端陷阱，从而使得产业向“微笑曲线”两端的研发和销售等高附加值环节转移。然而，对于中国来说，这种制造业转型升级思路实际上面临很多现实问题。中国绝大部分制造业企业缺乏向价值链两端转移的技术能力、资金支持以及发展经验。因此，当前这种被广泛认同的转型思路并不一定是中国制造业转型升级的最优选择。而人工智能的迅猛发展则为中国制造业转型升级提供了另外一条可行路径，即在原有制造环节上增加产品经济附加值，而经济附加值的增加本就是产业转型升级最核心的目标。

那么，人工智能如何增加制造业生产环节的经济附加值呢？实际上，通过人工智能技术的应用，可以将制造过程所需资源进行重新配置和优化，而生产要素配置优化的过程实际上就是产业转型升级的过程，人工智能的全面应用使得传统制造环节的价值创造和分配模式发生了巨大变化，并在采购、生产和物流环节大幅降低生产成本，从而提高制造业经济附加值。合信智能设立的短期目标完全与该理念契合，合信智能预期建立数字化模型，进行模拟仿真，实现规划、生产、运营全流程数字化管理，实现企业设计、工艺、制造、管理、物流等环节的产品全生命周期闭环动态优化，推进企业数字化升级、装备智能化升级、工艺流程优化、精益生产、可视化管理、质量控制与追溯、智能物流等方面的快速提升。数字化生产理念的建立使得合信智能在未来竞争中能有效节约成本，增加其市场竞争力。

三是数字经济技术的应用促进制造业企业实现转型升级。一般而言，作为推动新工业革命的通用技术，人工智能具有溢出效用极强的“头雁”效应。制造业企业利用智能化系统，可以自动判断复杂模型的工艺特征是否可制造、可装配、可拆卸，并且能够智能识别复杂模型设计原理中存在的问题，提升制造业企业的研发创新效率。而2018年《“人工智能+制造”产业发展研究报告》明确指出，在制造业技术领先型行业和市场变动型行业中，人工智能的作用能够提高研发效率，准确预测与响应市场。合信智能在现有技术的基础上，针对重工业客户诉求，构建了信息化、软件、硬件深度融合的智能工厂整体方案，显示出较强的研发实力及人工智能技术的正向溢出效应。同时该企业在未来五年里，将加大工业机器人人工智能的研发力度，重点攻关“工业机器人智能传感器及智能软件”“基于5G技术的产品过程监控”“工业制造工艺专家云平台”这三个方向，力争开发出具有国内领先技术的工业人工智能产品，实现从重工业的数字化工厂解决方案的提供商向工业制造人工智能通用产品转型升级。由此可见，加强制造业企业人工智能技术的研发，可推动企业通过创新驱动实现升级，最终推进企业向技术密集型制造业企业升级。

从上述两个案例中可以看出，人工智能技术的应用对企业整合生产资源，智能化生产和管理流程，提升企业核心竞争力具有重要的作用。一般而言，大企业拥有雄厚的技术、资本实力，有能力实现智能化生产。但目前，埃森哲调研数据表明，中国各产业部门的数字化建设能力还处于初级阶段，只有少数行业的领军企业真正实现了数字化转型升级。同时，大量中小企业信息化与数字化建设还不完善、普及程度不高，导致人工智能扩散应用过程中面临缺乏有效载体的问题，不利于人工智能的应用和推广。因此，要培育和发展一批能够有效运用人工智能的中小企业，通过与大企业合作形成有效协同创新发展格局，打造具有竞争力的制造业产业生态体系。

第 六 章

数实融合的企业视角与微观实证[①]

企业作为实现国家经济增长的主要推动力、创新的主要来源、就业的主要创造者、社会责任的主要承担者，也是数字经济与实体经济融合的重要载体，其高质量发展直接影响国家经济增长、创新、就业和社会责任等方面的发展。本章基于企业视角对实体经济数字化转型进行问卷分析与微观实证研究，深入微观企业层面，调查分析企业数字化转型的具体方向、驱动因素、应用场景、转型手段、面临的突出问题等，并挖掘企业数字化转型的重要关联因素，以期为企业数字化转型提供理论支撑和政策支持建议。

第一节　企业数字化转型的研究背景

企业作为数字经济发展的重要载体，是国民经济数字化转型不可或缺的组成部分。《中华人民共和国国民经济和社会发展第十四个五年规划和2035 年远景目标纲要》提出要迎接数字时代，充分发挥海量数据和丰富应用场景优势，促进数字技术与实体经济深度融合，赋能传统

---

① 本章主要内容已发表于《江苏社会科学》2022 年第 1 期。

产业转型升级，催生新产业新业态新模式，壮大经济发展新引擎。中国信息通信研究院发布的《中国数字经济发展白皮书（2021）》[①] 指出中国2020年数字经济规模达39.2万亿元，同比名义增长9.7%，占GDP比重约38.6%，数字经济已成为经济高质量发展的重要支撑。深入研究区域制造业企业数字化转型的理论与实践这一课题，对于当代中国经济高质量发展具有一定的借鉴价值和现实意义。

江苏省作为中国东部沿海发达地区，是中国数字经济发展方面的一个样本，具有代表性、典型性和先进性。对其数字经济转型状况进行研究，可以折射出中国企业数字化转型发展的全貌。2020年，江苏地区生产总值为10.27万亿元，同比增长3.7%，人均GDP达12.5万元，居全国各省（区）之首，作为制造业大省，江苏制造业产值占全国的近七分之一，在数字经济高速发展的背景下，江苏企业数字化转型升级不断跃升。江苏地区企业数字化转型可以说是中国企业数字化转型的一个缩影。本章内容正是围绕企业数字化转型，以江苏地区1830家制造业企业问卷[②]为例，深入分析了制造业企业数字化转型意愿和推进情况，并通过统计分析和实证检验研究其与关联因素的联系。

数字化转型是指企业运用数字技术的创新过程，通过重塑企业愿景、战略、组织结构、流程、能力和文化，以适应高度变化的数字环境[③④⑤]。综合企业发展规律与已有文献研究，对于企业数字化

---

① http://www.caict.ac.cn/kxyj/qwfb/bps/202104/t20210423_374626.htm.

② 问卷见附录B。

③ Gurbaxani V., Dunkle D., "Gearing Up for Successful Digital Transformation", *MIS Quarterly Executive*, Vol. 18, No. 3, 2019, pp. 209 – 220.

④ Gileva T., Babkin A., Gilev G., "Developing a Strategy for the Digital Transformation of an Enterprise with Allowance for the Capabilities of Business Ecosystems", *Economics and Management*, Vol. 26, No. 6, 2020, pp. 629 – 642.

⑤ Gong Y., Yang J., Shi X., "Towards a Comprehensive Understanding of Digital Transformation in Government: Analysis of Flexibility and Enterprise Architecture", *Government Information Quarterly*, Vol. 37, No. 3, 2020, p. 101487.

转型的关注点主要有以下三点：一是企业数字化转型的驱动因素与主要作用，二是企业数字化转型的技术手段与实现路径，三是企业数字化转型的评估体系与指标构建。

首先，在企业数字化转型的驱动因素与主要作用方面。第一，从数字化转型的驱动因素看，相关文献研究和企业管理实践主要从关键驱动因素、资源属性、信息结构和价值实现四个方面刻画工业化体系和数字化体系，以此探讨两者的跨体系性质[①]，其中技术进步、人口变迁、贸易扩张、人力资本累积和制度变革构成工业化体系的五个主要驱动因素；新一代数字技术、商业模式、竞争模式、新型人力资本积累和相应的制度变革，构成企业数字化转型的关键驱动因素。第二，从数字化转型的内外影响因素看，数字化转型外部影响因素主要包括数字技术发展及渗透[②]、竞争环境加剧[③④]，和用户需求变化[⑤]等。第三，从数字化转型的作用看，企业主要通过产品与服务创新、商业模式创新、流程创新，进而促进运营效率和组织绩效提升[⑥]。同时还能在组织变革、成本体系和资本市场方面发挥作用，如通过对数字化如何直接作用于组织变革是理解数字与实体深度融合的基础条件分析，发现企业数字化削弱高管权力、增

---

① 肖静华：《企业跨体系数字化转型与管理适应性变革》，《改革》2020 年第 4 期。

② Matt C. , Hess T. , Benlian A. , "Digital Transformation Strategies", *Business & Information Systems Engineering*, Vol. 57, No. 5, 2015, pp. 339 – 343.

③ Kohli R. , Melville N. P. , "Digital Innovation: A Review and Synthesis", *Information Systems Journal*, Vol. 29, No. 1, 2019, pp. 200 – 223.

④ Mithas S. , Tafti A. , Mitchell W. , "How a Firm's Competitive Environment and Digital Strategic Posture Influence Digital Business Strategy", *Mis Quarterly*, Vol. 37, No. 2, 2013, pp. 511 – 536.

⑤ Abrell T. , Pihlajamaa M. , Kanto L. et al. , "The Role of Users and Customers in Digital Innovation: Insights from B2B Manufacturing Firms", *Information & Management*, Vol. 53, No, 3, 2016, pp. 324 – 335.

⑥ 韦影、宗小云：《企业适应数字化转型研究框架：一个文献综述》，《科技进步与对策》2021 年第 11 期。

强基层权力、诱使组织向下赋权[①]。对数字化成本体系研究发现在企业数字化管理的基础上，既满足财务会计的需要又满足管理会计的需要[②]。数字化转型赋予了企业新的发展动能，能进一步改善企业在资本市场中的表现[③]。

其次，在企业数字化转型的技术手段与实现路径方面。数字转型是一项复杂的系统工程，需要利用数字技术对其进行全方位、多角度、全链条的改造。将数字技术深入生产、经营、管理和营销的各个环节，实现企业及产业的数字化、网络化、智能化发展，不断发挥其对经济发展的放大、叠加、倍增作用，是传统产业实现质量、效率和动力变革的重要途径，对推动市场经济的高质量发展具有重要意义。制造企业数字化转型类型划分的逻辑框架包括横向和纵向两条逻辑线，纵向逻辑线是指“技术推动力”，包括横向技术推动力和纵向技术推动力；横向逻辑线是指“价值驱动力”，包括客户体验价值和流程优化价值，根据内、外力两个维度，搭建制造企业数字化逻辑框架[④]。学者们多认为在寻找企业数字化转型的实现路径方面存在多种方式。例如，从组织内部学习及外部合作两个方面[⑤]；数字化转型的“借力型”“并驱型”“内驱型”和“无力型”等触发机制；从变革角度的研究包括资源属性的变化及其引发的企业边界和市场基础变革，信息结构的改变及其引发的组织结构和市场结构变革，资源属性与信息结构改变推动价值实现的变革[⑥]。

① 刘政、姚雨秀、张国胜等：《企业数字化、专用知识与组织授权》，《中国工业经济》2020 年第 9 期。

② 刘天楚：《企业数字化成本管理研究》，《经济纵横》2013 年第 5 期。

③ 吴非、胡慧芷、林慧妍等：《企业数字化转型与资本市场表现——来自股票流动性的经验证据》，《管理世界》2021 年第 7 期。

④ 张培、张苗苗：《制造企业数字化转型类型与触发机制》，《管理现代化》2020 年第 6 期。

⑤ 胡青：《企业数字化转型的机制与绩效》，《浙江学刊》2020 年第 2 期。

⑥ 肖静华：《企业跨体系数字化转型与管理适应性变革》，《改革》2020 年第 4 期。

有学者发现企业数字化转型过程中存在显著的同群效应[①]。考虑到不同类型企业或行业等特点，学者们针对不同类型的企业数字化转型进行了更为具体的研究，如外贸企业[②]、保险企业、文化产业[③]、传统企业[④]、中小企业[⑤]等。

最后，在企业数字化转型的评估体系与指标构建方面。理论上，对企业数字化转型的量化分析主要有两个方面。一方面是对企业数字化转型进程进行衡量，主要通过构建数字化转型评估方法，衡量企业数字化转型的水平，并判断企业数字化转型的成熟度[⑥]。另一方面是对企业数字化转型进行绩效测算，结合计量模型，定量测算企业数字化转型对于其劳动生产率、全要素生产率以及盈利水平等[⑦][⑧]的提升作用。具体操作上，国家工业信息安全发展研究中心、中国工程院、中国信通院、OECD、德勤、IDC、西门子、麦肯

---

① 陈庆江、王彦萌、万茂丰：《企业数字化转型的同群效应及其影响因素研究》，《管理学报》2021 年第 5 期。

② 王树柏、张勇：《外贸企业数字化转型的机制、路径与政策建议》，《国际贸易》2019 年第 9 期。

③ 黄蕊、徐倩、李雪威：《文化产业数字化转型的演化博弈研究》，《财经理论与实践》2021 年第 2 期。

④ 陈春花：《传统企业数字化转型能力体系构建研究》，《人民论坛・学术前沿》2019 年第 18 期。

⑤ 刘涛、张夏恒：《我国中小企业数字化转型现状、问题及对策》，《贵州社会科学》2021 年第 2 期；刘然：《后疫情时代中小企业数字化转型之路》，《人民论坛・学术前沿》2020 年第 13 期；王玉：《数字经济对中小制造企业转型的影响研究》，《经济社会体制比较》2021 年第 3 期；胡青、徐梦周、程杨：《知识距离、协同能力与企业数字化转型绩效——基于浙江中小企业的多案例研究》，《江西财经大学学报》2021 年第 3 期；钟雨龙、陈璋：《防疫常态化背景下我国中小企业数字化转型的发展研究》，《商业经济研究》2021 年第 10 期。

⑥ 王莉娜：《数字化对企业转型升级的影响——基于世界银行中国企业调查数据的实证分析》，《企业经济》2020 年第 5 期；Calvino F., Criscuolo C., Marcolin L. et al., "A Taxonomy of Digital Intensive Sectors", *OECD Science*, *Technology and Industry Working Papers*, 2018.

⑦ Bartel A., Ichniowski C., Shaw K., "How does Information Technology Affect Productivity? Plant-level Comparisons of Product Innovation, Pocess Improvement, and Worker Skills", *The Quarterly Journal of Economics*, Vol. 122, No. 4, 2007, pp. 1721 – 1758.

⑧ Syverson C., "What Determines Productivity", *Journal of Economic Literature*, Vol. 49, No. 2, 2011, pp. 326 – 365.

锡、埃森哲等部门与研究机构都基于自己的评估范式以及研究方法，对企业数字化转型水平进行了测度①，如国家工业信息安全发展研究中心构建了一套适用于制造业全局的两化融合评估体系和评价方法，中国信通院依据增长核算的模型测算各部门的数字经济增加值等。在具体测度上，学者们一般采取多指标法进行指标体系构建，对企业数字化转型能力的评估，有从生产层面与组织层面的考量②，其中生产层面包括制造技术、生产流程，组织层面包括企业组织结构、人员构成等；也有从技术变革、组织变革和管理变革角度寻找指标进行指标体系构建的分析③，包括数字化基础设施、数字化投入、数字化研发、数字化人才、生产数字化管理、业务数字化管理、财务数字化管理等多方面指标。

综上所述，现有研究围绕企业数字化转型的理论、测度和评价等相关内容做了大量探索，但对企业数字化转型的影响因素和驱动机制等方面的研究较为薄弱；企业数字化转型驱动因素多从技术和经济层面切入，对企业与政府、高校和科研院所等关联关系以及企业等行为因素的关注不足，难以全面揭示数字经济时代企业核心战略的决策逻辑和行为机理。尤其是采用问卷调查法从企业视角探究数字化转型的研究鲜有涉及。本章以江苏省1830家制造业企业问卷调查为例，深入解析制造业企业数字化转型意愿和推进情况，并通过统计分析和实证检验研究其与关联因素的相关性，探讨企业数字化转型的一般规律与基本特征，最终提出企业数字化转型的路径与启示。

---

① 陆洋、王超贤：《数字化转型量化评估研究的比较分析与最新进展》，《科技进步与对策》2021年第9期。

② 杨瑛哲、黄光球、郑皓天：《企业技术变迁路径与转型绩效关系研究——基于中国制造企业的实证分析》，《统计与信息论坛》2018年第8期。

③ 陈畴镛、许敬涵：《制造企业数字化转型能力评价体系及应用》，《科技管理研究》2020年第11期。

第二节　企业数字化转型的理论框架

一　企业数字化转型的理论分析

企业转型遵循“输入—过程—输出”的流程进行①。伴随着企业家精神的驱动和外部环境的倒逼，企业将自身所拥有的资源投入数字化转型中，随后通过提升经营效率和创新盈利模式，最终完成转型。在制造业企业数字化转型的要素输入阶段，企业内部资源、外部资源的投入及内外部资源的整合是制造业企业数字化转型的基础②。其中，内部资源是企业数字化转型的前提，它具有异质性、难以模仿性且投入产出效率较高，在企业数字化转型中能够发挥中流砥柱作用。企业的内部资源主要包括人才资源、设备投入和资金投入。与此同时，企业本质上是一个开放的系统，在开放式创新的趋势下，企业数字化转型目标对企业所需的资源提出了更高的要求，使得单一企业开展数字化转型已经举步维艰，当企业外部资源相较于企业内部资源来说具有比较优势时，企业就需要吸收外部资源，弥补内部发展的不足。企业的外部资源主要包括其他先进企业的成功经验与技术，与高校的合作以及国际合作等。当制造业企业进入数字化转型的具体过程阶段时，既会有动力支持也会发现转型困难。数字化转型的主要动力在于转型成功的成本下降、效率提高与市场拓宽，同时也会面临缺少顶层战略设计、经营性场景缺乏以及产业链协同等方面的困难。在具体进入数字化转型的过程时将面临两个维度的转变，分别是“技术维度”和“思想维度”。技术是

---

① 魏国辰、陈宇恬、王焕焕：《基于扎根理论的零售企业数字化转型影响因素》，《商业经济研究》2021 年第 19 期。

② 郭然原、毅军：《服务型制造对制造业效率的影响机制研究》，《科学学研究》2020 年第 3 期。

企业发展的核心竞争力，尤其是对于想要数字化转型的企业而言。技术维度由企业的研发机构、研发组织和研发投入支撑组成，开发数字化转型的核心技术，包括大数据、云计算、5G、人工智能、物联网、区块链、3D 打印等并将智能技术应用于生产线、仓储、物流和软件等领域。当然，仅有技术的支撑，企业难以完成数字化转型，还需企业完成思想意识的转变，“思想维度”主要包括企业数字化转型意愿、企业发展使命以及企业家价值观，是企业数字化转型过程中的重要一环。技术和思想两者的变革与支撑将最终让制造业企业完成数字化转型升级。图 6－1 给出了制造业企业数字化转型升级的流程路径与影响因素的理论框架。

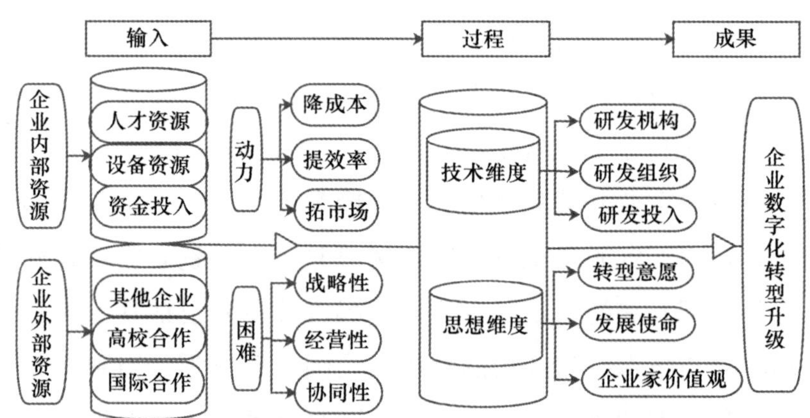

图 6－1 制造业企业数字化转型流程与影响的理论框架

二 制造业企业数字化转型的问卷设计

本次调查问卷的设计及发放来源于“人工智能推动中国制造业全球价值链攀升的影响机理与路径研究”“加快推进江苏数字经济发展的对策研究”“中国主要要素生产率之间的内在关联与动态转型研究”“制约经济高质量发展的供给侧短板问题”等项目，基于企业创新发展相关理论进行设计，采用李克特量表法对问题选项进行设置计分，通过分层抽样方法，对江苏省有代表性和典型性的企业进行调研，基于企业性质、企业所处创新发展阶段等，对企业数字经济融合发展驱动因素进行分析，同时对企业数字化转型中面临的困难与挑战进行了系统研究。问卷采用线上问卷形式，依托江苏省财政厅和各市财政部门发放问卷，本次问卷基于“企业创新理论”进行设计，采用李克特量表法对问题选项进行设置计分，分为四部分内容来调研江苏省有代表性和典型性的企业数字化转型情况。调研时间为2021年5月15日—2021年6月1日，共回收问卷1830份。在被调查的样本构成方面，既有成立10年以上的制造业企业，也有成立一年以内的新生力量，且包含各种所有制形式（包括国有、外商独资、集体、中外合资等），但大多为民营企业（占比接近80%）。

本章综合制造业企业转型理论分析对影响制造业转型的相关关联因素进行了问卷调查，包括企业性质、企业研发情况、企业外部技术来源、行业与营收、企业数字化融合驱动因素以及数字化融合的困难等因素。这些因素总体可以分为三类：其一，企业的规模水平、性质、所在地区属于企业的属性变量；其二，企业的科技研发情况、外部技术获取情况属于企业自身发展变量；其三，企业认为的数字经济发展驱动因素与困难属于主观认知。本章从供给与需求双侧设计选项，对企业数字经济的应用驱动因素进行分析。从供给侧看，数据要素赋能企业主要是通过影响企业生产组织、资源配置与供应的方式，促使制造技术的智能化转变；从需求侧看，数字经济的融合发展侧重于用户价值体现、交易便利化、体验场景化与交互动态化等方面。如图6－2所示。

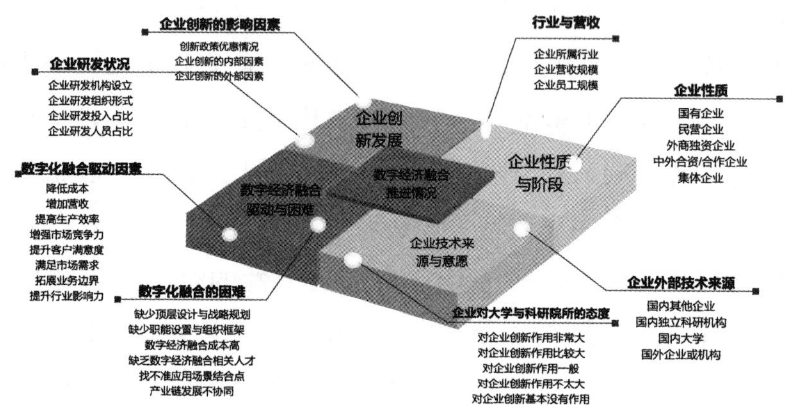

图6－2　企业数字化转型相关关联因素

第三节　企业数字化转型的现状问题

一　企业数字化转型的基本情况

（一）企业数字化转型整体处于起步阶段

从企业数字化转型的推进情况来看（见图6－2），选项（1）—（5）可分为两类：其一，企业已开展数字化创新转型（3—5）；其二，企业未开展数字化创新转型（1—2）。从1830家受访企业的回答来看，超过60%的企业并未开展数字化创新转型，其中有240家受访企业完全不了解数字化转型，占比达到13.11%。在已开展数字化创新转型的企业中，仅有184家受访企业的数字化创新已成为常态或已基本完成数字化转型，占比约为10%，开始在部分业务上进行数字化转型的企业有534家，占比达到29.18%。总体来看，江苏省企业的数字化转型情况尚处于起步阶段，在受访企业中仍有过半企业没有开展数字化转型，数字化转型提升空间巨大。

（二）企业数字化融合开展领域不断拓展

在1830家受访企业中，数字化转型推进情况选择（3）—（5）的有718家，即有718家企业开展了数字化转型的具体操作。从这718家企业数字化转型的具体领域具体来看，使用智能管理系统、软件改造生产的企业最多，为440家，占比达到61.28%；对检测、装配等生产车间进行智能化改造的企业占比也接近50%，为355家；直接引入智能生产线的为274家，占比38%；使用物联网等技术实现远程管理的为268家，占比37%；四项应用都开展的为74家，占比10%。例如，江苏金彭集团有限公司致力于各类新能源交通工具的研发、生产和销售，产品涵盖新能源汽车、电动三轮车、电动自行车、电动叉车、快递专用车、环保专用车等，并在新能源汽车产业链的电机、电控等零部件和整车核心技术方面均有研究，在数字化融合开展领域不断拓展。

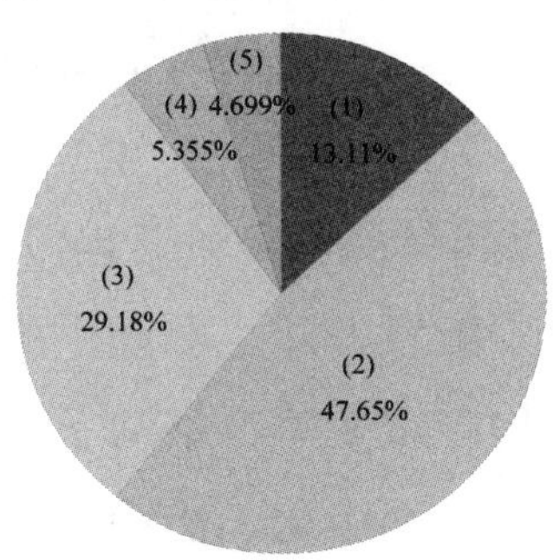

图6－3　企业数字化转型意愿和推进情况

（三）“提升生产服务效率”是企业数字化融合最主要的驱动因素

企业数字经济发展驱动因素主要涉及供给侧与需求侧，从数据要素在企业供给侧的赋能情况来看，主要是影响企业生产组织、资源配置与供应的方式，促使制造技术的智能化转变；在需求侧，数字经济的融合发展侧重于用户价值体现、交易便利化、体验场景化与交互动态化等方面。在1830家受访企业中，认为数字化转型能够提升生产和服务效率的企业占比最高，达到73.33%；选择能够大幅降低成本的企业有819家，占比44.75%；选择能够增加市场竞争力的企业有736家，占比40.22%；选择能够有效增加营业收入的有508家，占比27.76%；选择能够提高客户满意度和忠诚度的有343家，占比18.74%；选择能够满足市场需求的有293家，占比16.01%；选择能够提升行业影响力的有188家，占比10.27%；选择能够拓展企业业务边界的有155家，占比8.47%。由此可见，“提升生产服务效率”是企业数字化融合最主要的驱动因素。

（四）人才与成本是数字化转型面临的突出问题

数字化改变了企业的要素配置方式，驱动了生产方式、竞争格局、商业模式和国际贸易结构多重变革，推动了传统产业结构重组和价值重组，扁平化、柔性化、网络化、协同化、个性化动态服务的经营管理正在颠覆传统生产经营方式。但数字化转型过程中，企业仍面临一些挑战。首先，企业面临数字化专业人才短缺的制约，随着数字技术的发展，企业对数字化人才的需求呈现爆发式增长态势，数字化人才缺口的挑战巨大。其次，企业缺乏数字化转型的科学规划和方法论支撑，传统企业对数字化转型认识不到位，不能深刻理解传统企业业务，对于企业的个性化需求可能缺少可落地的全局规划。最后，上下游关联企业数字化转型协同性不高，如现阶段传统企业头部企业数字化转型以开展互联网建设为主，而产业链上下游相关企业由于数字化程度不高，导致产业链数字化程度不协同，从而不利于全产业链的数据融通应用。从受访的 1830 家企业对数字化融合发展面临的突出问题反映情况来看，有 909 家企业反映数字化转型缺少相关人才，占比接近 50%；有 856 家（46.78%）企业反映数字化转型成本太高和 701 家（38.31%）企业反映数字化转型缺少顶层设计和战略规划；427 家（23.33%）企业认为企业组织架构和职能设置无法有效推进相关工作。选择产业链上下游企业数字化程度不协调的企业有 295 家，占比 16.12%。

二　企业数字化转型与企业关联分析

（一）企业发展规模与数字化转型相互促进

从图 6－4 可以看出，对于第一类未开展数字化转型的企业（即对数字经济与数字化转型完全不了解和略微了解，暂未实施的企业）其主营业务收入分布的核密度图在较低区域有很高的峰值，对于第二类开展了数字化转型的企业（包括开始部署，基本完成和已是常态三类企业）其主营业务收入的核密度分布曲线较为平坦。同时，第二类企业在低营收部分出现一个峰值，但远远小于第一类企业；第二类企业在高营收部分的峰值也高于第一类企业在高营收处的峰值。因此，数字经济融合的深入情况与主营业务收入的高低有一定相关性，数字经济融合越深入的企业其主营业务收入越高。如中航锂电科技有限公司是一个专业从事锂离子动力电池、电池管理系统、储能电池及相关集成产品和锂电池材料的研制、生产、销售和市场应用开发的高科技企业，该企业积极主动进行数字化转型，数字化创新已成为企业常态，近三年主营业务规模平均达到 1 亿元以上。

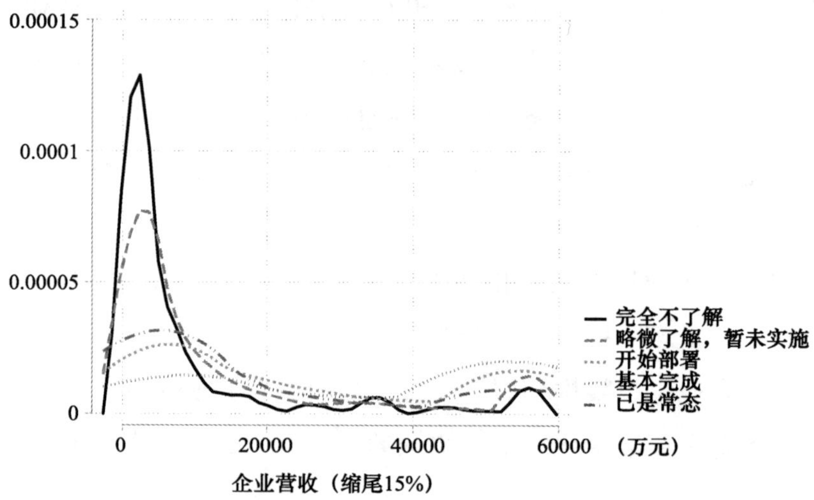

a. 不同数字化转型情况的企业营收和核密度

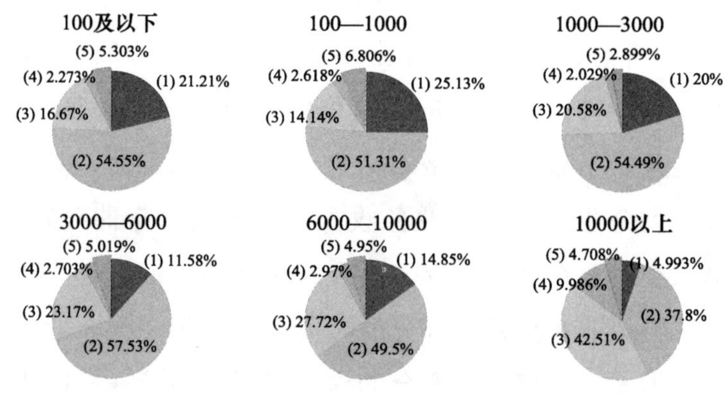

b. 不同规模企业数字化转型情况（单位：万元）

图6－4　企业数字化转型意愿密度与分布

从图 6－4 可以看出，不同主营业务收入类别下企业数字经济融合开展的情况不同，其中主营业务收入在 100 万元及以下、100 万—1000 万元、1000 万—3000 万元、3000 万—6000 万元、6000 万—1 亿元以及 1 亿元以上的企业中未展开数字经济融合推进工作的比例分别是 75.76%、76.44%、74.49%、69.11%、64.35% 和 42.80%，呈现递减的趋势，即主营业务收入越高的企业在更积极地推进数字化转型工作。

企业人员规模也存在类似规律。在受访的 1830 家企业中，人数规模在 1—50 人、50—100 人、100—200 人、200—500 人以及 500 人以上的企业分别为 604 家、356 家、312 家、315 家和 243 家，分别占比 33.01%、19.45%、17.05%、17.21% 和 13.28%。相较于企业近三年主营业务收入规模的平均水平，人数规模的分布更为平均（近三年主营业务收入规模水平在 1 亿元以上的企业超过了 38%）。不过从人数规模来看，规模更大的企业其数字化转型工作开展的程度也越深入。这个结论依然适用于人数规模在 1—50 人、50—100 人、100—200 人、200—500 人以及 500 人以上的企业，其未展开数字化转型工作的占比分别为 77.16%、70.50%、59.93%、44.76% 和 27.57%，完全呈现出递减趋势，并且递减的程度随人数规模的扩大还在增加。

综合不同企业主营业务收入和人数规模企业数字经济融合工作开展程度的分析，可以发现企业规模与数字经济融合程度呈现显著的正相关关系，并且这两者能够形成良性循环、相互促进。

（二）国家高新技术企业的数字化转型进程远高于非国家高新技术企业

在受访的 1830 家企业中，国家高新技术企业 882 家，非国家高新技术企业 948 家，分别占比 48.20% 和 51.80%，从比例上看这两类企业在分布上较为平均。图6－5给出了这两类企业数字化转型的情况，可以很明显地看到，国家高新技术企业的数字经济融合工作开展比率远远高于非国家高新技术企业，国家高新技术企业的开展率为50.34%，而非国家高新技术企业的开展率仅为28.90%。更为突出的是，在非国家高新技术企业中，有19.20%的企业完全不了解数字化转型工作。非国家高新技术企业与国家高新技术企业在数字化转型方面差距明显。如日出东方控股股份有限公司致力于清洁能源创新开发和高效利用，已设立国家级企业技术研究中心，开始在部分业务上进行数字化改革，并取得了一定成效。

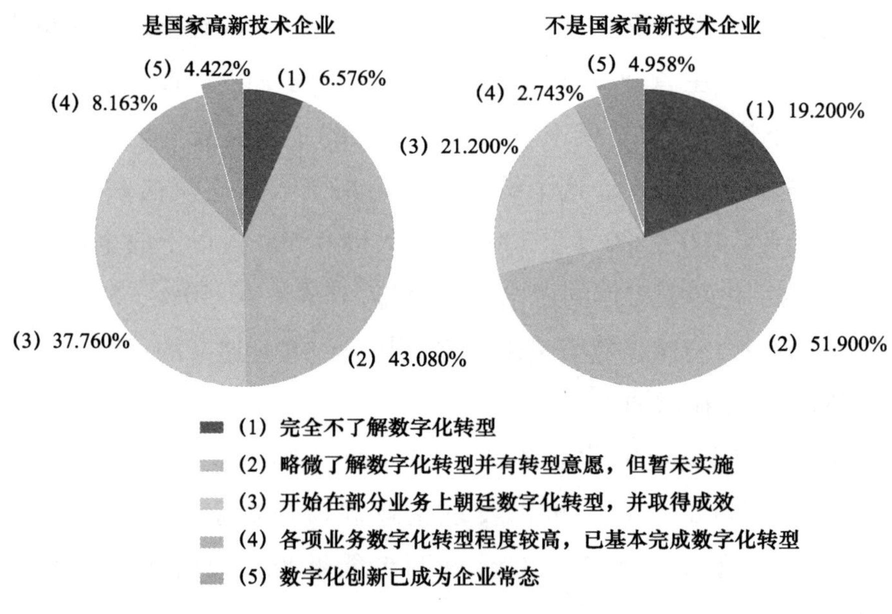

图6－5 是否为国家高新技术企业其数字经济融合工作开展情况

图6－6给出了不同所有制企业数字经济融合工作开展情况的饼状图。不过，受访的1830家企业中，所有制类型分布较不均匀，其中国有企业253家，占比13.83%，民营企业1347家，占比

73.61%，外商独资企业 129 家，占比 7.05%，中外合资企业 86 家，占比 4.7%，集体企业仅 15 家，占比 0.82%。不过仅从受访企业反映的情况看，国有企业、民营企业和中外合资企业的数字经济开展情况差异不大；外商独资企业中数字化创新已成常态的占比最高，达到 10.85%；而集体企业的数字经济融合工作开展的最不理想。

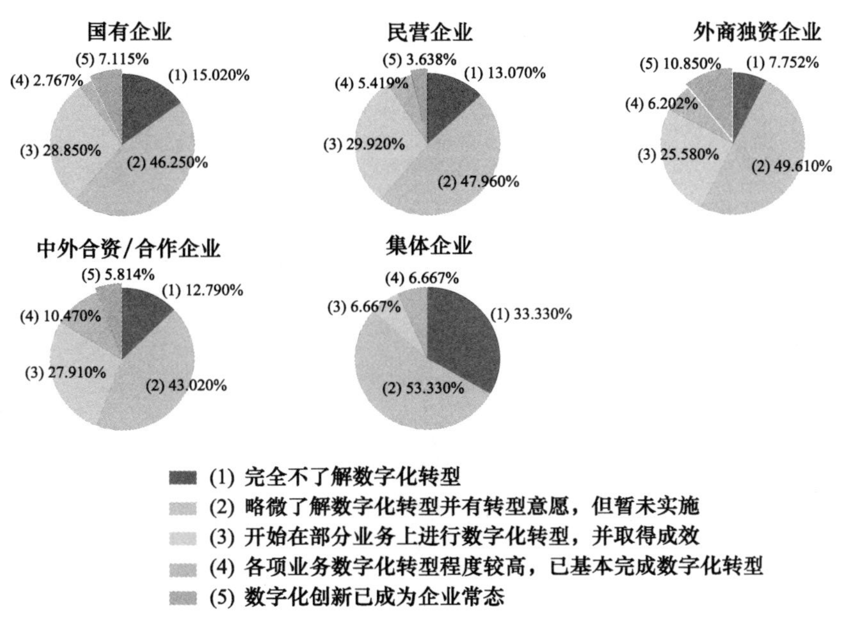

图 6－6　不同所有制企业其数字经济融合工作开展情况

（三）企业数字经济与实体经济融合发展差异性分析

从图 6－7 中可以看出江苏地区 13 个地级市企业数字化转型的情况。可以发现，整体上苏南地区企业数字经济与实体经济融合发展的程度远远高于苏北地区，其中，无锡、苏州等地企业数字化转型程度较高，接近 50%，相较而言，南通、镇江等地仅在 20% 以下。

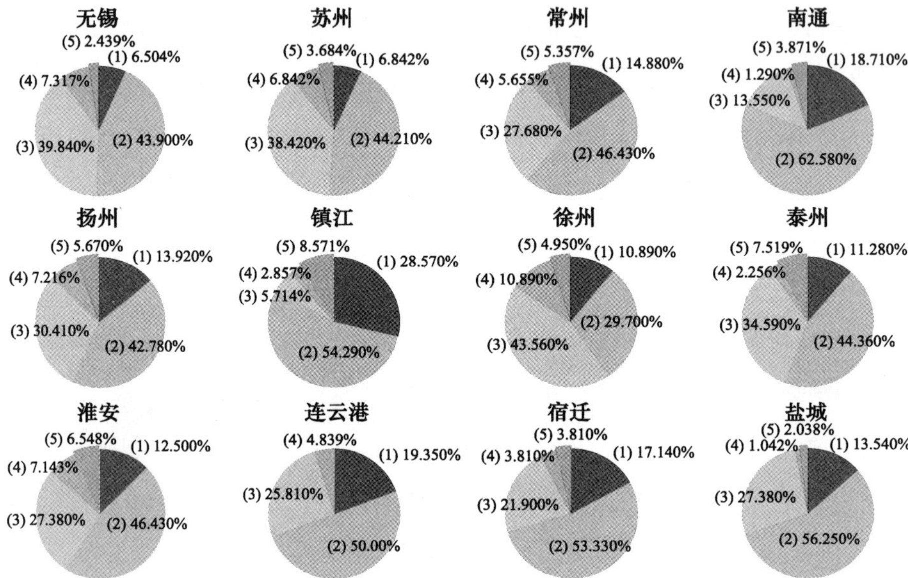

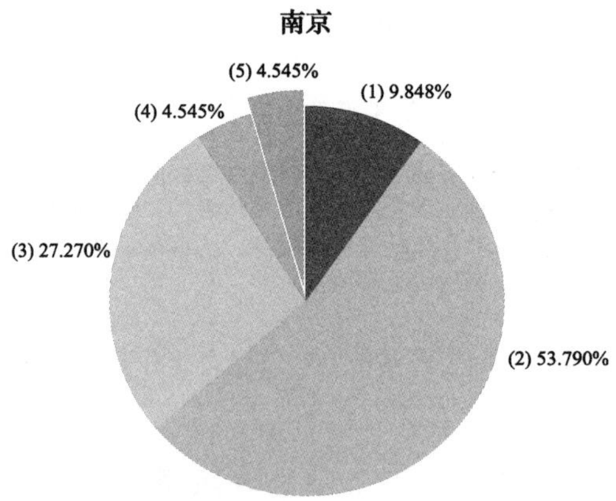

(1) 完全不了解数字化转型
(2) 略微了解数字化转型并有转型意愿，但暂未实施
(3) 开始在部分业务上进行数字化转型，并取得成效
(4) 各项业务数字化转型程度较高，已基本完成数字化转型
(5) 数字化创新已成为企业常态

图 6－7　江苏不同城市企业数字化转型工作推进情况

图6－8的横轴为所在城市受访企业数字经济开展占比情况，纵轴为所在城市受访企业数字化转型管理部门设立的占比情况。可以看出，江苏这13个地级市的分布情况可以分为四个象限，其中在第一象限的城市分别为徐州、苏州、无锡、泰州、扬州和淮安，这六个城市是新一代数字化转型的受益者，位于第二象限的为南京和宿迁，属于数字管理运营的佼佼者，第三象限的五个城市镇江、南通、盐城、连云港和常州则是数字化转型的观望者。

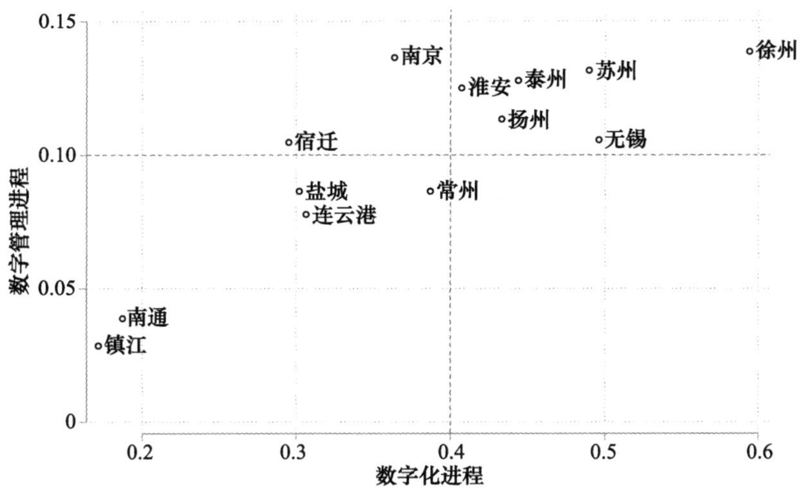

图6－8　江苏各城市受访企业数字化进程与数字管理进程开展比例散点图

第四节　企业数字化转型的影响因素

一　企业数字化转型的影响因素分析

（一）设立研发机构的企业，数字经济融合程度更高

从表6－1可以看出，设立了企业技术中心的企业明显在数字化转型的进程中走在未设立企业技术中心的前面，在1830家受访企业中，未设立研发机构的有612家，占三分之一左右，这612家

企业中完全不了解数字化转型发展的企业有 151 家，占比达到了四分之一，略微了解数字化转型工作的企业有 328 家，占比达到 54%，也就是说这 612 家未设立研发机构的企业中有接近 80% 的企业在数字经济融合方面推进比较滞后。回答为未申请认定和其他的企业其数字经济转型推进情况也不显著。而设有国家级企业技术中心的受访企业数字经济开展占比 63%，设有省级企业技术中心的受访企业数字经济开展占比 67%，设有市级企业技术中心的受访企业数字经济开展占比 51%。不论是国家级、省级还是市级，其开展数字化转型企业的占比相对没有设立技术中心的企业要高很多。

表 6－1　　企业研发机构设立情况与数字化转型开展关联分析

选项	国家级企业技术中心		省级企业技术中心		市级企业技术中心		未申请认定		其他		未设立研发机构		总计（家）
	数量（家）	占比（%）	数量（家）	占比（%）	数量（家）	占比（%）	数量（家）	占比（%）	数量（家）	占比（%）	数量（家）	占比（%）	
（1）	2	7	10	3	17	6	54	11	6	7	151	25	240
（2）	8	30	90	30	130	43	273	55	43	48	328	54	872
（3）	10	37	152	50	122	41	131	26	28	31	91	15	534
（4）	6	22	40	13	15	5	15	3	9	10	13	2	98
（5）	1	4	12	4	17	6	23	5	4	4	29	5	86
总计	27		304		301		496		90		612		1830

注：选项（1）—（5）分别代表：（1）完全不了解数字化转型；（2）略微了解数字化转型并有转型意愿，但暂未实施；（3）开始在部分业务上进行数字化转型，并取得成效；（4）各项业务数字化转型程度较高，已基本完成数字化转型；（5）数字化创新已成为企业常态。下同。

（二）外部技术来自国外机构和国内科研机构的企业，其数字经济融合程度更高

从表 6－2 中可以看出企业外部技术来自国内其他企业的，其

数字化转型的推进情况要明显弱于外部技术来自国内外机构以及国内大学的。在900家选择外部技术来自国内其他企业的企业中，有169家完全不了解数字化，占比为19%，未开展数字经济融合工作的占比高达72%，而完成数字化转型的企业只有5%左右。可见企业的外部技术来源以及合作方式对于企业数字化转型有着很强的相关性，仅仅以企业为外部技术来源的企业在这方面还非常薄弱，而选择科研机构、国内大学等作为合作和外部技术来源的企业在这方面要明显强于国内企业合作的情况。

表6－2　　企业外部技术来源情况与数字化转型开展关联分析

选项	国内其他企业		国内独立科研机构		国内大学		国外企业或机构		总计（家）
	数量（家）	占比（%）	数量（家）	占比（%）	数量（家）	占比（%）	数量（家）	占比（%）	
(1)	169	19	23	9	31	6	17	9	240
(2)	474	53	112	41	207	43	79	44	872
(3)	207	23	99	37	173	36	55	30	534
(4)	21	2	18	7	47	10	12	7	98
(5)	29	3	18	7	21	4	18	10	86
总计	900		270		479		181		1830

（三）研发支出越高，数字经济融合意愿越强

表6－3显示，研发支出越高的企业，其数字经济开展情况越好。其中研发支出占营业收入1%以下的516家企业中有80%的企业没有开展数字化转型；研发支出占营业收入1%—3%的企业中有71%的企业没有开展数字化转型；研发支出占营业收入3%—5%和5%—10%的企业中将近有半数企业开展了数字化转型，但数字化转型创新已成常态的企业占比不高；而研发支出占比超过10%的157家企业中，有10%的企业其数字化创新已成为常态，为各类企业中最高。

表6－3　　企业研发支出占比与数字化转型开展关联分析

选项	1%及以下		1—3%		3—5%		5—10%		10%以上		总计（家）
	数量（家）	占比（%）	数量（家）	占比（%）	数量（家）	占比（%）	数量（家）	占比（%）	数量（家）	占比（%）	
(1)	136	26	29	15	41	7	22	6	12	8	240
(2)	277	54	112	56	233	40	184	49	66	42	872
(3)	75	15	48	24	230	40	130	34	51	32	534
(4)	7	1	3	2	53	9	22	6	13	8	98
(5)	21	4	7	4	24	4	19	5	15	10	86
总计	516		199		581		377		157		1830

（四）与科研机构、大学合作程度越紧密，数字经济融合程度越高

表6－4显示，企业对于科研机构和国内大学合作作用的认识对于企业的数字化转型的推进情况有着非常强的关联关系。企业创新思想与企业数字化实际开展情况有着较大关联，企业创新好比一座金字塔，塔基是各类创新活动，而塔尖则是企业的创新思想。在受访的1830家企业中认为与科研机构和大学的合作对于其自主创新作用一般、不太大和基本没作用的企业分别有352家、57家和63家，特别是在这63家认为基本没作用的企业中有59家没有开展数字化转型，占比接近94%。认为与科研机构和大学合作作用不太大的企业其没有开展数字化转型的比例也高达87%。相反，认为其作用非常大的550家企业中没有开展数字化转型的比例要远小于上述两类企业，仅为54%左右；特别是有34家企业的数字化创新已成为常态，也是这些类别企业中占比最高的。

结合企业在选择数字化转型过程中面临突出问题的选项，1830家企业中有909家选择了缺少数字化相关人才，这个占比接近一半。数字经济的发展需要掌握大数据概论、大数据技术架构与实

践、人工智能与机器学习、云计算、区块链等数字前沿知识的人才，特别是对数学、物理、信息技术等基础学科有着较高的要求，而对于基础学科的研究工作并不是大多数企业所擅长的，高校和科研院所则在基础学科研究方面更有优势，因此如果一个企业不关注甚至认为与高校和科研院所的合作是完全没有作用的，这很可能导致其在数字化转型的道路上处于落后的位置。

表6-4　对与科研机构、大学合作作用认可情况与企业数字化转型关联情况

选项	非常大		比较大		一般		不太大		基本没作用		总计（家）
	数量（家）	占比（%）	数量（家）	占比（%）	数量（家）	占比（%）	数量（家）	占比（%）	数量（家）	占比（%）	
（1）	50	9.09	74	9.16	67	19.03	21	36.84	28	44.44	240
（2）	252	45.82	389	48.14	171	48.58	29	50.88	31	49.21	872
（3）	173	31.45	271	33.54	84	23.86	4	7.02	2	3.17	534
（4）	41	7.45	43	5.32	13	3.69	1	1.75	0	0	98
（5）	34	6.18	31	3.84	17	4.83	2	3.51	2	3.17	86
总计	550		808		352		57		63		1830

二　企业数字经济融合意愿与推进情况的计量验证

为进一步对统计描述进行验证，本章采用 Mlogit（Multiple Logit Model）模型与二元 Logit 模型对问卷数据进行计量分析。Mlogit 和 Logit 模型均为离散选择模型，即被解释变量为离散变量的模型，在本章的问卷中，企业数字化转型意愿与推进情况共设置了五个选项，这五个选项可以看作多值离散变量，可进行多值选择模型估计（即 Mlogit）；同时问卷设计的五个选项又可以合并为两类，其一是企业已展开数字化转型进程，其二是企业未展开数字化转型进程，因此也可对问卷进行二值化处理，使用二值选择模型 Logit 进行估计。

（一）多元 Logit 模型估计

对于问卷中企业数字经济融合推进情况的五个选项，选用 Mlogit 模型对不同企业性质、行为与态度对于数字化转型推进的诱发效应的差异性进行分析。模型的设定如下：

$$ln\left(\frac{\pi_{ij}}{\pi_{ib}}\right) = ln\left(\frac{P(y_i = j \mid x)}{P(y_i = b \mid x)}\right) = x_i^{'}\beta_j$$

其中，设定 J 为类别变量包含的种类总数，在本章中，J = 5，分别为企业对数字化转型了解与推进情况的五个选项，分别为（1）“完全不了解数字化转型”；（2）“略微了解数字化转型并有转型意愿，但暂未实施”；（3）“开始在部分业务上进行数字化转型，并取得成效”；（4）“各项业务数字化转型程度较高，已基本完成数字化转型”；（5）“数字化创新已成为企业常态”。b 为选定的基准组，此处设定选项（3）“开始在部分业务上进行数字化转型，并取得成效”作为基准组，当 $j = b$ 时，等式左边为 ln1 = 0，则 $\beta_b = 0$。即某种选择相对自己的 log-odds（胜算比）始终为 0，则该组别对应的任何解释变量系数也必然为 0，通过求解这 J 个方程，可以得到每种选择的预测概率：

$$\pi_{ij} = P(y_i = j \mid x) = \frac{exp(x_i^{'}\beta_j)}{\sum_{m=1}^{J} exp(x_i^{'}\beta_m)}$$

表 6 – 5 中的计量估计的被解释变量企业数字化开展情况以选项（3）为基准，解释变量也都以类别变量进行回归，其中基准组以每

个问题中的第一个选项为准。为了给出更有意义的回归系数作为胜算比（odds ratio），由于从前述统计特征来看，数字化基本完成或者已成为常态的企业相对较少，可以主要关注相对于已在某些领域开展数字化转型来说，哪些类型的企业更可能没有开展数字化转型或者完全不了解数字化转型。表6－5中的回归系数显示出5%水平以上显著度的关系中，如所属城市中完全不了解数字化转型中，镇江为4%水平上显著，且胜算比为6.37，也就是说，与南京相比，镇江企业完全不了解数字化转型的情况相较于在某些领域开展数字化转型而言的概率达到了6.37倍。再以研发经费为例，研发经费占主营业务收入比例在1%—3%、3%—5%、5%—10%以及10%以上的回归系数都在1%显著度上显著，并且胜算比随着研究经费占比的提升大致呈现下降的趋势，且都小于1，也就是说研发经费更高的企业更不可能完全不了解数字经济转型情况。其他的显著性情况基本与前述统计性特征吻合，统计特征所得到的基本结论能够得到计量经济结的验证，计量结果给出了更为科学和精准的判断。

表6－5　企业数字化转型意愿与推进情况的 Mlogit 模型计量结果

	完全不了解		暂未展开		基本完成		已是常态	
Q3（所在城市） （1）南京	Odd	P 值	Odd	P 值	Odd	P 值	Odd	P 值
（2）无锡	1.36	0.58	0.91	0.76	0.79	0.68	0.44	0.28
（3）苏州	0.69	0.46	0.70	0.20	0.82	0.73	0.53	0.30
（4）常州	1.83	0.14	0.96	0.88	1.05	0.93	1.32	0.60
（5）南通	2.44	0.07	2.00	0.04	0.55	0.50	2.54	0.16
（6）扬州	2.16	0.09	0.88	0.66	1.16	0.79	1.39	0.57
（7）镇江	6.37	0.04	3.23	0.14	4.02	0.30	6.15	0.08
（8）徐州	0.96	0.94	0.43	0.01	1.35	0.60	0.85	0.81
（9）泰州	0.86	0.76	0.65	0.16	0.31	0.12	1.54	0.46

续表

	完全不了解		暂未展开		基本完成		已是常态	
（10）淮安	1.16	0.75	0.82	0.49	1.35	0.59	1.33	0.62
（11）连云港	1.78	0.32	0.99	0.99	0.94	0.94	0.00	0.98
（12）宿迁	1.61	0.35	1.06	0.87	1.08	0.92	1.48	0.59
（13）盐城	1.91	0.22	1.14	0.69	0.19	0.14	0.67	0.65
Q5（所有制性质） （1）国有企业								
（2）民营企业	1.98	0.02	1.45	0.07	1.96	0.13	0.44	0.03
（3）外商独资企业	2.01	0.17	2.34	0.01	2.32	0.17	1.55	0.40
（4）中外合资/合作企业	3.12	0.03	1.96	0.05	3.43	0.04	0.85	0.79
（5）集体企业	16.68	0.02	5.89	0.11	21.12	0.05	0.00	0.99
Q10（三年平均营收） （1）100以下								
（2）100—1000	1.99	0.09	1.29	0.47	1.02	0.99	2.01	0.24
（3）1000—3000	1.01	0.98	0.86	0.63	0.54	0.43	0.66	0.50
（4）3000—6000	0.67	0.34	0.92	0.78	0.61	0.53	1.11	0.87
（5）6000—10000	0.72	0.44	0.70	0.28	0.52	0.41	0.94	0.93
（6）10000以上	0.18	0.00	0.36	0.00	1.15	0.84	0.57	0.30
Q11（三年研发经费占比） （1）1%以下								
（2）1%—3%	0.40	0.01	0.66	0.11	0.42	0.26	0.66	0.45
（3）3%—5%	0.24	0.00	0.42	0.00	1.40	0.51	0.63	0.29
（4）5%—10%	0.14	0.00	0.43	0.00	1.25	0.69	0.91	0.84
（5）10%以上	0.16	0.00	0.37	0.00	1.70	0.36	1.37	0.52
Q16（研发机构组织形式） （1）国内企业								
（2）与高校、科研机构合作组建	0.98	0.93	1.13	0.43	1.05	0.86	0.92	0.80

续表

	完全不了解		暂未展开		基本完成		已是常态	
（3）与国外机构合作组建	0.89	0.91	0.99	0.99	0.00	0.99	2.37	0.35
（4）其他	1.40	0.24	1.06	0.81	0.76	0.66	0.82	0.65
Q17（对大学和科研机构的认可）（1）非常大								
（2）比较大	1.06	0.81	1.06	0.66	0.61	0.05	0.64	0.11
（3）一般	2.22	0.00	1.27	0.20	0.79	0.52	1.11	0.77
（4）不太大	12.75	0.00	4.08	0.01	1.65	0.67	2.51	0.32
（5）基本没有作用	21.13	0.00	6.60	0.01	0.00	0.99	4.43	0.16
Q18（外部技术来源）（1）国内企业								
（2）国内独立科研机构	0.91	0.75	0.85	0.35	1.37	0.39	1.78	0.10
（3）国内大学	0.78	0.33	0.88	0.41	2.06	0.02	1.29	0.46
（4）国外企业或机构	0.53	0.09	0.71	0.14	1.56	0.30	2.04	0.08
常数项	0.61	0.35	3.58	0.00	0.08	0.00	0.33	0.12

从具体回归结果来看，第一，江苏省企业数字化转型的影响因素中，所在城市的影响不显著，这在表6－5中得到了验证，不同的所在城市与南京相比，除镇江、徐州和南通外大多不具有显著性，镇江的企业在5%显著度更可能完全不了解数字化转型，并且与南京相比企业完全不了解数字化转型的概率达到了6.37倍，南通也在10%和5%的显著度上更可能完全不了解数字化转型以及暂未开展数字化转型。而徐州与南京相比，暂未展开数字化转型的企业概率只有0.43倍，且在1%水平上显著。

第二，从企业所有制对企业数字化转型推进情况的影响来看，民营企业、中外合资企业和集体企业并不好于国有企业，反而其完全不了解数字化转型的概率更高，特别是集体企业完全不了解数字化转型的概率是国有企业的 16. 68 倍。

第三，从企业营收规模与数字化转型情况的关联来看，前述统计特征得到了非常好的验证，营收在 10000 万以上的企业在 1% 显著性上更加不可能完全不了解或者暂未展开数字化转型，其概率只有 100 万元以下营收企业的 0. 18 倍和 0. 36 倍。

第四，研发投入高度影响企业数字化转型进程，与研发投入 1% 以下的企业相比，研发投入在 1%—3%、3%—5%、5%—10% 和 10% 以上的企业未展开数字化转型的概率都更低，且显著度均在 1% 水平，未展开数字化转型选项的胜算比也随着研发投入的增加逐步降低。

第五，对大学和科研机构的认可度高度影响企业数字化转型的进程，与对大学和科研院所认可度非常大的企业相比，认可度更低的企业未推进数字化转型的概率更高，且胜算比随着认可度的降低而大幅提升，认为大学和科研机构基本没有作用的企业其完全不了解数字化转型的概率是认为其作用非常大的企业的 21. 13 倍，暂未展开的概率也达到了 6. 6 倍。综上所述，本章的问卷调研通过统计特征分析和计量回归结果得到了一致的结论。

图 6 -9 对 Mlogit 计量结果的部分样本内预测情况给出了图形展示。所选择的预测选项为完全不了解数字化转型，图形基本与统计特征相吻合，如企业近三年研发经费占主营业务收入比例随着研发经费的提高，选择完全不了解数字化的概率逐渐降低；企业对与科研机构、大学合作对企业自主创新作用的认可度的下降，其可能完全不了解数字化转型的概率也大幅提升。

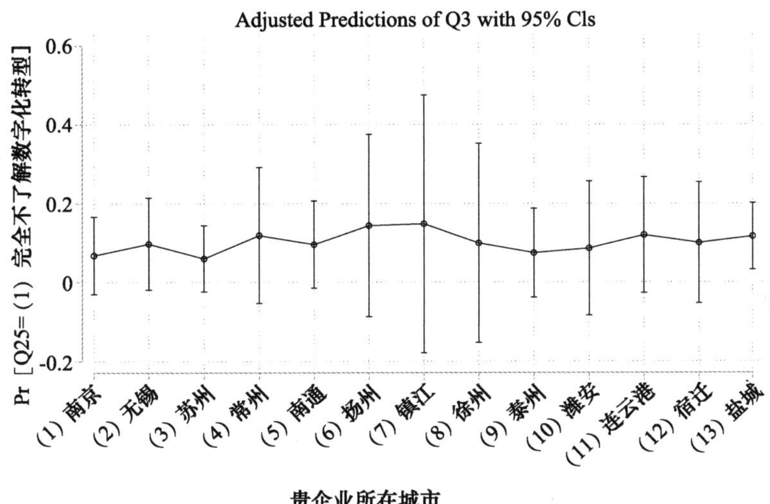
Adjusted Predictions of Q3 with 95% Cls
Pr［Q25=（1）完全不了解数字化转型］
0.6
0.4
0.2
0
-0.2
（1）南京
（2）无锡
（3）苏州
（4）常州
（5）南通
（6）扬州
（7）镇江
（8）徐州
（9）泰州
（10）淮安
（11）连云港
（12）宿迁
（13）盐城
贵企业所在城市

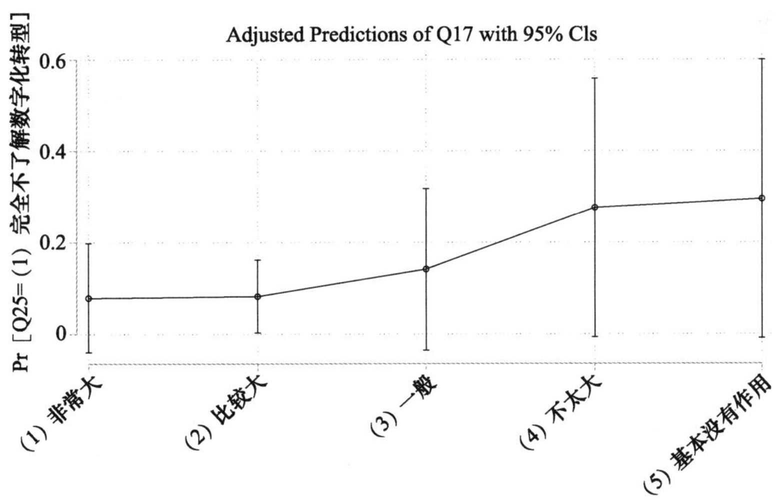
Adjusted Predictions of Q17 with 95% Cls
Pr［Q25=（1）完全不了解数字化转型］
0.6
0.4
0.2
0
（1）非常大
（2）比较大
（3）一般
（4）不太大
（5）基本没有作用
您认为与科研机构、大学合作对企业自主创新作用

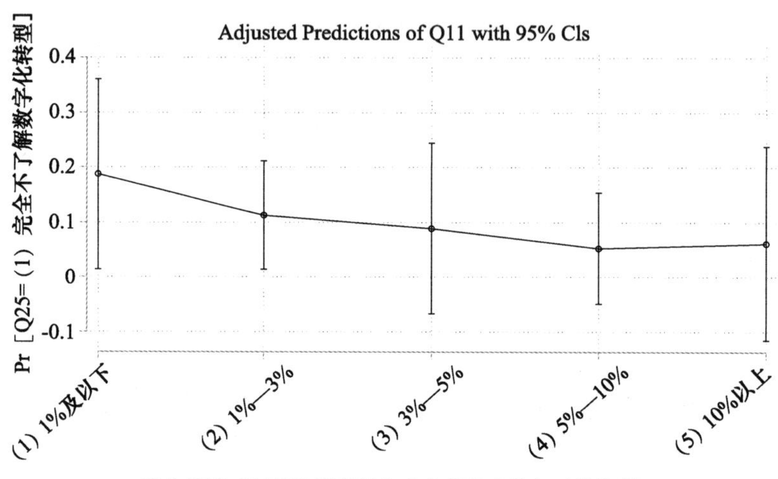

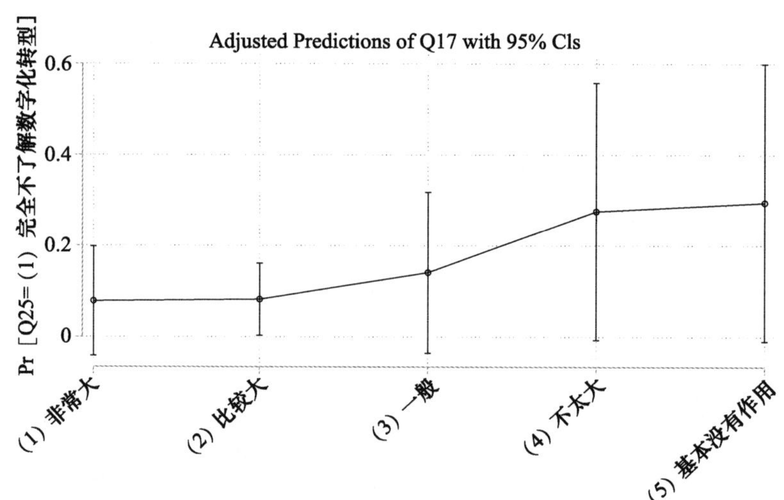

图6－9 样本内的预测概率的图形展示

（二）二元 Logit 模型估计

企业对数字化融合发展推进情况的五类选择可以分为两大类：一大类是已开展数字化转型工作，另一大类是未展开数字化转型工作：

$$y = \begin{cases} 0 & \text{已展开数字化转型(包括选项 1,2)} \\ 1 & \text{未展开数字化转型(包括选项 3,4,5)} \end{cases}$$

将被解释变量转化为二分 0，1 变量后，可以将模型由多元 logit 简化为二元 logit 模型。采用的二元逻辑斯蒂回归（Binary Logistic Regression）模型是一种非线性分类的统计方法，适用于因变量中存在定性指标的问题，大量实证研究表明，Logistic 模型估计结果与实际数据的拟合度较高，适用性较强。简化后的二元 logit 模型回归结果如表 6－6 所示。

表 6－6 的回归结果中并未将解释变量再进行分类化，重点看变量的 P 值以判断各被解释变量是否对企业是否进行了数字化转型有显著关联。可以看出，除了 Q3（所在城市）和 Q16（企业研发机构的组织形式）外，其余解释变量均在 1% 水平上与企业是否进行了数字化融合发展有显著关联。

表 6－6　　企业数字化转型情况的 logit 模型计量结果

变量	Odds ratio	err	P
Q3（所在城市）	1.00	－0.2	0.840
Q5（所有制性质）	0.76	－3.23	0.001
Q10（三年平均营收）	1.39	9.67	0.000
Q11（三年研发经费占比）	1.32	5.88	0.000
Q16（研发机构组织形式）	0.93	－1.26	0.206
Q17（对大学和科研机构的认可）	0.73	－5.13	0.000
Q18（外部技术来源）	1.22	3.88	0.000
常数项	0.18	－4.97	0.000

采用二元 Logistic 回归分析得出的结果是否与现实具有较高的一致性需要进行进一步检验。由于 Logistic 回归不像其他回归方法那样还可以用 R2 对回归效果进行分析，因此使用 Pontius R G. 提出的 ROC（Relative Operating Characteristics）方法对 Logistic 回归结果进行检验。在比较不同的分类模型时，可以将每个模型的 ROC 曲线都画出来，比较曲线下面积 Area under the Curve of ROC（AUC ROC）作为模型优劣的指标。当 0.5 < AUC < 1，说明模型的拟合程度较好。

图 6 - 10 进一步验证了前文的结论，除 Q3（所属城市）和 Q16（企业研发机构的组织形式）外的 ROC 面积均大于 0.5。说明表 6 - 6 所展示的二元 logit 模型回归的拟合程度较好，且企业的所有制性质、主营业务收入、研发投入占比、对大学和科研机构的认可度以及外部技术来源等因素对于企业数字化转型与否具有很强的关联性。

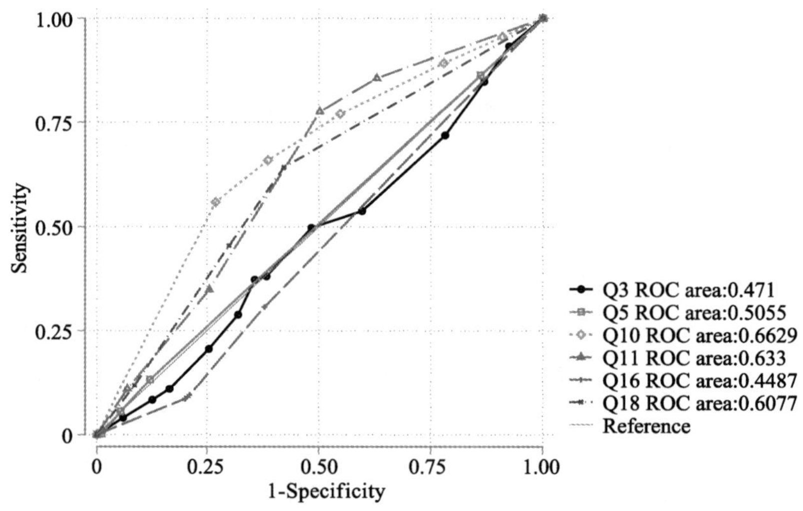

图 6 - 10 企业是否进行数字化转型的 ROC 曲线

第五节　企业数字化转型的对策建议

基于以上统计特征与计量分析可以得到以下结论：企业数字化转型整体仍处于起步阶段，企业数字化融合开展领域不断拓展，提升生产服务效率是企业数字化转型的主要驱动力，人才与成本是数字化转型面临的突出问题。从区域层面看，不同地区企业数字经济与实体经济融合发展程度差异较大，需进一步从顶层设计方面予以推进；从企业内部看，企业的规模成长与数字化转型是一个双向耦合互动的过程，企业数字化转型能促进企业快速发展，同时企业规模的扩大在一定程度上也有助于深入推进数字化转型；从企业研发与合作方面来看，企业的研发支出是数字化转型的重要基础动力，企业与科研机构的合作对于推进数字经济融合至关重要，对研究机构的认可程度与企业数字化转型意愿呈显著正相关关系。基于此，本书认为，应在以下几个方面予以重视：

首先，激发企业数字化转型的创新动能。从上述分析可以看到，人才短缺成为企业数字化转型最主要的制约因素。随着数字技术的逐渐普及和重要性日益凸显，各地各部门对数字化人才的需求呈现爆发式增长。目前，中国数字化人才主要集中在产品研发领域，智能制造、数字营销、组织管理、大数据深度分析等方面存在较大人才缺口。因此，要加强数字人才建设，实施数字经济专项引进计划，鼓励企业自主引进数字经济高端人才和参加由政府组织的赴外招聘活动以及引进数字经济高校毕业生人才。鼓励和支持有条件的学校加强跨学科领域的数字经济人才培养。进一步完善数字经济人才培育机制。支持市场力量参与，加大数字技术的人才培训力度。如以新兴数字经济企业为重点，联合高校、知名企业或培训机构开设数字经济培训班，集中选送企业数字经济专业人才和中高级管理人才进行学习深造，提升能力和素养。强化高校人才定向委托培养机制，支持企业与院校合作建立数字经济高校毕业生实践实训基地，并对管理规范、成绩突出的给予奖励。进一步完善人才引进政策，优化数字经济人才发展环境。在人才落户优惠政策和购房租房补贴上发力，提升数字经济专业人才吸引力和支持精准度。对于“卡脖子”型人才，可以探索“揭榜挂帅”政策，进一步解决人才子女的教育、医疗等问题。

其次，发挥企业数字化转型的集聚效应。调查问卷发现，研发支出、与科研院所的合作等是促进数字化转型的重要动力。因此，需打造数字经济产业集群。鼓励各地加快数字经济布局，摸清各地头部企业和“隐形冠军”底数，支持相关企业做大做强，加大对数字经济重点项目招引工作的支持力度，支持对事关全局的骨干企业、关键领域实施“一业一策”“一企一策”。着力推动数字经济园区和特色小镇建设，加快打造世界级数字经济产业集群。推动上下游企业齐头并进。发挥典型示范引领作用，积极开展数字经济优秀案例征集评选活动，进行营业收入“百强”和高成长企业“百家”的“双百”评定工作，引导优秀数字经济企业和高校、科研院所间积极开展交流与合作，扩大培优育强工作成效。如选择物联网、新能源汽车、集成电路等战略性新兴产业，引导头部企业联合高校研发机构、行业上下游组建创新联合体，政产学研联动开展关键核心技术攻关。搭建共性技术研发平台。发展工业互联网，提升中小企业创新能力和专业化水平。以工业互联网的连接为导向，共建和推广“产业大脑”开放平台，将服务商、生产企业、供应商无缝对接和联动。以工业互联网作为共性技术平台服务于产业数字化，支撑数字经济创新发展，推动数字经济进一步向实体经济更多行业、更多场景延伸。

最后，完善企业数字化转型的配套机制。问卷分析发现，各地推进企业数字化进程不一，但总体来看数字化融合程度还有很大提升空间。数字经济涉及行业范围广，是一种新经济形态、融合型经济，要高标准健全数字经济配套机制体制。因此，要推进数字经济深度融合标准化和规范化。组织开展数字经济领域技术攻关，引导重点企业参与各领域标准研制，重点推动物联网、工业互联网、车联网等细分领域国际和国家标准的研判。进一步健全数字经济统计体系，各地明确数字经济产业的边界划分，加强产业指导目录的编制研究。按照标准的统计口径，按照国家数字经济统计分类标准，各地数字经济产业相关厅局会同统计局建立健全数字经济的统计分类目录、运行监测体系和其他相关指标体系。建立数据安全屏障。强化全域性的城市数据安全防护体系建设，推动数据治理体系和治理能力现代化。加强数据安全等级防护和关键信息基础设施安全保护工作，进一步提升全省数据安全防护能力。在金融网络安全领域，严格落实金融机构的网络安全主体责任，加强人员和产品服务安全管理，确保数据安全、供应链安全。

第 七 章

数实融合的发展路径与对策建议

“十四五”规划和2035年远景目标纲要提出“打造数字经济新优势”，强调“充分发挥海量数据和丰富应用场景优势，促进数字技术与实体经济深度融合，赋能传统产业转型升级，催生新产业新业态新模式”，对以数字化转型整体驱动生产方式、生活方式和治理方式变革提出了要求。下一阶段，需以推动数字经济与实体经济深度融合为抓手，加快推动数字产业化，推进产业数字化转型，不断壮大经济发展新引擎。

数字经济是以数字技术为支撑的新经济形态，正在通过改造传统产业、加速新兴产业形成来带动产业结构升级。具体而言，数字经济可以从生产方式、经营方式和流通方式方面促进农业产业优化，从研发设计、智能生产和销售管理方面促进工业产业优化，从创新服务模式和丰富服务内容方面促进服务业优化。由于数字经济的技术特征使得数字经济与实体经济融合过程会经历“数字供给创造融合需求”“融合过程寻求支撑保障”“数字需求拉动进一步融合”等三个过程。其中，数字技术、数字制度和数字思维会逐渐发展和完善，直至数字经济完全融入实体经济中，数字思维深根植入人们的生产和消费活动中。因此，数字经济与实体经济融合的实现路径也应当遵循这样的发展规律，循序渐进地完成“技术供给支撑体系”“需求融合拉动体系”和“运行融合保障体系”的构建并形成“数字技术—数字保障—数字思维”三位一体的三螺旋结构，促进经济、社会向更高层级、更高质量发展。

第一节　构建技术供给支撑体系

在数字经济与实体经济融合发展的第一阶段就需要创造更多的数字供给，包括数字技术供给、数字人才供给和数字政策供给，打造强有力的数字供给支撑体系。

第一，加快核心科学技术创新，促进科技成果转化。一是加大5G、人工智能、大数据、云计算、区块链等共性技术的研发投入，以基础学科和共性技术的突破加深数字经济与实体经济的融合，并实现数字经济为实体经济广泛赋能，推动生产过程数字协同化。二是加强“卡脖子”技术攻坚。支持链主企业积极开展核心技术攻关，鼓励探索下一代“无人区”科技，推动数字产业的形成和发展。加强政产学研联动，开展关键核心技术的攻关，引导集成电路、人工智能、新能源等战略性新兴产业的链主企业与高校、科研院所和行业上下游企业合作，共同组建创新联合体。三是促进基于数据要素的成果转化。数据要素的高效配置是推动数字经济产业发展的关键一环。促进数字技术开发者、数据产生者、数据拥有者和使用者共同参与科研成果的融合应用，联合多方科研力量持续强化新一代关键数字技术的研究，创造更多数字要素的应用场景。

第二，加快数字人才培养引育，激发创新持续动能。一是加强数字人才生力军建设。鼓励企业自主引进数字经济高端人才；联合高校做好本科生和研究生复合型数字人才培养工作，鼓励高效跨学科领域培养数字经济人才。二是完善数字经济人才培育机制。一方面，鼓励企业与高校、科研院所、培训机构等共同开设数字经济培训班，设置专门的数字人才专题培训，高质量、高标准培育数字人才；另一方面，充分发挥企业数字人才的实战优势，集中选送企业数字经济专业人才和数字化管理人才到高校、科研院所兼职，支持企业与高校、科研院所合作建立数字经济高校毕业生实践实训基地。三是优化数字经济人才发展环境。建立不同行业、不同领域的数字人才数据库，完善数字人才引进政策，提升数字经济专业人才精准支持力度；对于数字经济“卡脖子”型人才，通过探索“揭榜挂帅”政策，进一步破解数字经济与实体经济深度融合的人才瓶颈，增强数字经济高质量发展的内生动能。

第三，优化完善数字经济政策，提升政策实施绩效。一是加大数字基础设施的政策支持力度。加快推动网络基础设施建设，扩大数字网络覆盖，实现互联互通；支持前沿共性数字科技服务平台建设，推动服务平台业务拓展与应用推广。二是探索促进数据资源开放共享的政策合力。推动工商、税务、商务、科技、经信、交通、电力、自然资源等政府部门将不涉及国家安全的公共数据向企业、社会公众开放，加快建立与完善政府公共数据开放共享制度；完善数据采集规范和标准，建设数据开放共享公共服务平台，提高数据的社会开放度；充分汇集供应链、产业链、创新链等数据资源，推动数据的开放共享以及深度应用。三是强化基础科学研究和核心技术突破的政策激励。梳理数字经济相关基础科学研究和核心技术的重点突破清单，加大对清单内技术研发投入的支持；依托国家科技重大专项、国家重点研发计划等科技计划，加强对基础科学研究和核心技术突破的支持，科学、准确地跟踪评估计划实施成效。

第二节　构建需求融合拉动体系

在数字经济与实体经济融合发展系统中必须保证数字经济的发

展活力，在市场思维下打造数字生产、数字生活和数字场景有序开发的数字经济需求拉动体系。

第一，发挥市场主导、政府引导的双重作用，以智慧城市建设场景为总牵引，促进数字技术与实体经济深度融合。一是以行业需求为导向，对产业发展进行市场化科学分析，鼓励成长中的创新型数字企业与转型中的传统产业企业结对协同发展；寻找新的生产方式和转型方向，打造具有行业特色的数字技术应用场景。二是围绕数字金融、数字商务、数字贸易、数字文化等领域，构筑数字经济产业生态圈，推动市场趋势变化和产业结构升级相互促进、市场信息和市场资源有效整合、传统产业和产业链协同改造，加快发展数字消费业务、打造国家化数字消费商圈、做实数字生活服务，全面提升企业对数字经济的获得感。三是推进产业大脑建设，选择优势行业开展应用试点，探索产业大脑的基础架构、运行机制、管理模式以及业务场景等，形成可复制、可推广的模式与经验。

第二，推动数字经济统计、交易体制建立，明确数字社会化发展方向。一是推动数据交易市场发展，培育壮大数据交易服务企业，建立数据资产价值评估体系，健全和完善数据交易产业链。二是健全和完善数字经济统计体制，明确数字经济产业的边界划分，同时做好数字产业指导目录的编制研究。按照标准的统计口径健全数字经济的统计分类目录、运行监测体系和其他相关指标体系。三是树立主动服务的数字化思维，建议在政府机关内部设立“首席数据官”，以数据的思维方式拓展数据的应用场景，将部门数据主动应用到为人民服务、为企业办事上，主动拓展数字技术应用场景。

第三，打造数字生活消费新场景，拓展数字生活新思维。一是要引领消费升级，培育高品质数字生活。以实现“丰富线上生活服务新供给”“满足线下生活服务新需求”“打造数字生活消费新场景”等为目标，聚焦新兴消费领域，大力培育生活需求的服务平台。二是促进生产与需求的精准对接，推动高质量的微观经济发展。探索精准响应消费需求的个性化定制新模式，通过互联网等信息技术建设网络化开放式个性化定制平台实时对接客户个性化需求；创新服务模式和商业模式，以共性服务平台为用户在线提供产品定制等服务。三是进一步融合数字应用需求和数字技术供给，拓展数字经济发展可能性。更加有效地利用数字经济打破供给与需求双方的界限，改善信息不对称、降低交易成本，提升消费者剩余与企业利润空间，实现数字经济生态圈的共赢。

第三节　构建运行融合保障体系

在数字经济与实体经济融合发展的全过程都必须保障经济稳定有效运行，在危机意识中打造数字金融、数字立法和数字安全有效推进的数字经济运行保障体系。

第一，为数字经济与实体经济融合提供现代化、数字化的创新型金融支持，打通融合的融资“堵点”。一是加快金融业改革创新，不断推出适应科技创新需求的产品和服务；既要引导银行等传统金融机构优化信贷结构，为科技创新提供充足资金支持，也要更好发挥多层次资本市场作用，完善促进科技创新的直接融资体系，拓展市场主体融资渠道，更好满足创新型中小企业的发展需求。二是发挥金融“四两拨千斤”的助推作用，通过设立数字转型专项贷款、数字产业发展基金等形式，为推动数字经济和实体经济融合发展提供关键资金支持，给传统产业注入新动能、新活力，最终推动实体经济发展迈向更高质量发展，真正实现金融与实体经济的共生共荣、共同成长。三是促进金融科技的发展，进一步提升金融数字化程度，创造更平等的获取金融资源的机会，并从提升金融体系效率、提高智能风控水平和增强金融服务实体经济能力三个方面有效遏制金融风险。

第二，完善数字经济领域的法律规范体系，提升综合治理效应。一是健全相应的司法保障机制。充分运用数字化共性科技手段探索智慧司法新模式；通过建立系统集成、数据集成、功能集成于一体的在线诉讼平台，实现便捷、高效、公正的司法服务；积极探索“区块链＋司法”新模式。二是建立精准、协调、有效的监管治理体系。行业垄断、数据滥用、算法操纵、技术性拒绝等数据风险对传统监管治理方式提出了挑战，亟须创新监管思维，借鉴先进监管手段，构建精准、协调、有效的监管治理体系。要探索关于数字经济监管的新路径新方法，持续完善以《反垄断法》《反不正当竞争法》等为主体的法律体系，加强数字经济行业与平台监管的顶层设计，进一步完善分领域、分行业的数字经济监管，加快建立全方位、多层次、立体化的监管体系。三是注重数字经济领域法律与已有法律衔接。切实推动数字经济政策落地落实，从规定政府法定义务与法律责任角度，在规划、财政、产业、预算、税收、投资、人力、融资和资源等各个环节做好支持数字经济发展的政策保障。

第三，打造安全可靠的数据治理体系。一是完善数据生产与流转过程的管理。在规范数据隐私安全保护的基础上，加快完善数据资源采集、处理、确权、使用、流通、交易等各环节的制度法规和机制化运营流程。建立原材料、装备、电子信息等行业信息库，打造分类科学、分级准确、管理有序的数据治理体系。二是提升数据安全技术的应用。突破数据要素流通关键技术，建设大数据安全共享与开发利用平台；大力支持数据服务模式创新，鼓励更多数据服务型企业开展数据标注业务，支持众包、外包等数据创新型标注组织模式。三是试点建立数据交易平台。培育数据交易机构，探索数据衍生品的增值开发和数据资产评估等新业态新模式；同时，加快建立和健全数据流通与交易行为的管理规范。

附录 A

江苏省纺织行业智改数转发展模式及案例研究

第一部分　江苏省纺织行业智改数转的必要性与现状

党的二十大报告指出："建设现代化产业体系，坚持把发展经济的着力点放在实体经济上，推进新型工业化，加快建设制造强国、质量强国、网络强国、数字中国等。"江苏省自《江苏省制造业智能化改造和数字化转型三年行动计划（2022—2024 年）》发布以来，全力推进制造业的智改数转。纺织业作为江苏省传统支柱产业、重要民生产业、优势产业，推进其智能化改造与数字化转型进程至关重要。

一　江苏省纺织行业智改数转的必要性

（一）江苏省纺织行业的重要地位

作为纺织大省，江苏纺织集群门类齐全且具备完整的产业链，纺织服装企业数量占全国总数的 13.82%，30 余年来纺织产业总量位居全国第一。2022 年由中国纺织工业联合会发布的第三批 99 家纺织行业"专精特新"中小企业名单中，江苏有 28 家，数量最多。

中国服装协会发布的“2021 年服装行业百强企业”名单中，对相关企业的“营业收入”“利润总额”与“营业收入利润率”分别进行排序统计，形成的三份榜单中江苏共计 33 家入围，数量排名第一。可见，江苏省的纺织业在全国处于优势地位，拥有良好的发展基础与雄厚的实力。

纺织业是江苏省传统支柱产业和重要民生产业，从销售数据看，2021 年纺织业销售额约占全省制造业销售总额的 4.7%，同比增长 16.9%，在江苏省 31 个制造业细分行业中排名第 9。从税收数据看，2021 年纺织业税收额占全省制造业税收总额的 3.2%，同比增长 3.4%，在江苏省 31 个制造业细分行业中排名第 13。但受新冠疫情、国际经济环境复杂多变等因素影响，江苏省纺织业目前正面临着生产经营成本高、消费市场低迷等诸多现实困难，约 80% 的纺织企业营业收入减少，流动资金紧张。不仅如此，由于国外替代生产资源复苏，海外品牌对中国供应链顾虑增加，导致纺织企业订单加速向海外转移。因此，加速江苏省纺织企业智转数改，提升智能化生产水平，坚定不移地走高质量发展之路已经成为江苏省纺织业的必然选择。2022 年 9 月 7 日，江苏省工信厅联合 6 部门制定《关于进一步推动全省纺织服装产业高质量发展的若干政策措施》，这一政策的发布把推动纺织业高质量发展上升至省级战略地位。

（二）江苏省纺织行业智改数转的意义

为解决行业现存问题、促进行业转型升级、实现高质量发展，纺织业的智改数转势在必行。江苏省纺织业智改数转的重要意义主要体现在以下三个方面：

其一，“智改数转”为生产制造提质增效。2022 年上半年全省规模以上纺织业的营业收入增速为 4.4%，行业利润总额实现 12.9% 的正增长，随着“智改数转”的深入推进，纺织行业保持营收增速和利润的正增长趋势。例如，南通市罗莱逐步建成纺织行业标杆性智能工厂，促使生产效率和设备利用率分别有 25% 和 10% 的提升，同时，不良品率从 1.7% 降至 0.5%，生产周期也缩短了 50%，计划于 2024 年建设“罗莱智慧产业园”，智能覆盖率有望从 40% 提升至 70%，将智能化转型覆盖面由生产制造扩展至全链条。

其二，“智改数转”为经营业务开拓市场。消费结构的升级为纺织行业迈向中高端提供了所需的市场空间，生产方式向定制化、分布式、服务型转变成为纺织业未来发展的趋势。“智改数转”促进企业工业互联网开发平台的建设，实现企业内外部业务流程、数据在统一平台上的运行和管控，提升公司内部管控、供应链、生产与营销的能力，助推企业在互联网时代稳步高质量发展。例如，苏州市纺织业通过智能制造，变革商业模式，以大规模个性化定制的方式促进用户体验升级，创新全产业链生态。华芳集团引进高端毛纺织染设备，进行防蛀、防皱、防缩、防尘等多种特殊整理，实现产品工艺的改进，创新工艺制造的面料有弹性、不易断裂、抗静电，有助于企业进一步开拓市场。

其三，“智改数转”为绿色发展增添动能。传统纺织业具有高能耗、高水耗、高污染等特征，尤其在纺织品染整过程中，易导致大量的废水、废渣生成。为解决纺织印染时的水污染，需要制造、管理的数智化升级。例如，2019 年江苏纺织“绿色发展”高峰论坛于南京举办，香港立信集团推出一套“全流程绿色数字化染整解决方案”，能够对生产制造进行全流程监控与管理，采用物联网技术实现设备间的互联互通，记录生产排放数据，从而达成智能化生产，减少人工造成的污染。无锡市阳光集团的“智改数转”典型案例被推广，其智能纺织车间与服装智能车间的建设、智能染色生产系统的搭建，促使产量提升 30% 的同时，人工节省 50%，能耗节约 20%，实现了高效能、低能耗的目标。

二 江苏省纺织行业智改数转现状

党的二十大报告提出“加快发展数字经济，促进数字经济和实体经济深度融合，打造具有国际竞争力的数字产业集群”，强调“推动制造业高端化、智能化、绿色化发展”。江苏省围绕纺织优势产业，聚力打造高端纺织领域世界级先进制造业产业集群，针对工业软件、工业机器人、数控机床等加快核心技术攻关，致力于加速纺织业网络化、数字化、智能化转型进程，增强纺织业新业态、新模式、新动能。江苏省在纺织业“智改数转”方面做了大量工作。

（一）顶层规划设计清晰合理

《江苏省制造业智能化改造和数字化转型三年行动计划（2022—2024年）》《关于进一步推动全省纺织服装产业高质量发展的若干政策措施》等政策为省内纺织行业“智改数转”指明了发展方向，各地纷纷响应落实，制定出台了区域内纺织业发展的相关支持政策，如南通市出台的《南通市纺织产业高质量发展三年行动计划（2022—2024年）》从聚力培优扶强、增强内生动力、加快数字赋能、助力拓展市场、保障要素资源5个方面出发，以14条激励举措助力纺织业的转型升级。苏州吴江区为打造世界级高端纺织产业集群，发布落实到各牵头责任单位的《实施意见》，内容包括加大纺织产业智能制造示范推广力度、全面推进建设印染产业循环经济试验区建设等九项意见，表示将尽快研究制定《苏州市打造世界级高端纺织集群行动计划》。

（二）重点技术基础着力夯实

江苏省深度推进“一市一重点、一行业一重点”工业互联网平台建设工程，支持龙头企业率先开展平台建设，积极组织，做好省工业互联网示范工程遴选工作。各地也加快数字化转型进度，如无锡市积极布局工业互联网，大力推进平台建设。红豆纺织服装工业互联网平台，入选国家工信部工业互联网平台集成创新应用试点示范项目，通过提供通用化、标准化的模型及面向中小型企业的数字化转型服务，帮助众多中小型纺织企业实现设计、生产、服务、产品等多方面的数智化改造，预计能吸引纺织服装供应链上下游600家企业入驻，接入20万台（套）设备、1000个行业工业App。此外，红豆集团投入使用相关智能化设备，推进智慧车间、智能工厂、AI智能量体仓建设，自身数字化转型步入快车道。

（三）财政金融支持切实有力

江苏省以财政资金为引导，加大对纺织服装领域相关创新中心项目、智改数转项目的支持力度，激励产业转型步伐提速；鼓励金融机构对纺织服装企业适当加大贷款力度，增加信用贷款与中长期贷款的投放；发布通知明确诊断方向、诊断流程、诊断要求、工作要求，以规范开展企业智改数转诊断服务工作，切实提高诊断的服务质量。南京市工业和信息化局举办有关智改数转诊断服务的诊前培训会，发布《南京市制造业智能化改造和数字化转型诊断服务工作指南》，加强业务指导，推进统筹衔接，促使诊断工作务实有力地开展。苏州市吴江区为强化纺织产业的金融扶持，采取四项措施：鼓励土地抵押评估价格的提高，引导金融机构创新服务模式，发挥国有融资担保体系作用，加快处置纺织企业的存量担保圈风险。

（四）宣传推广活动形式多样

江苏省组织纺织的相关赛事与活动，着力擦亮以“科技、时尚、绿色”为行业定位的江苏纺织名片，宣传推广转型方案，如江苏省服装院校学生设计大赛、智能造赋能新家纺研讨会等。第五届“江苏智造”创新大赛以“工业互联、数写未来”为主题，以“需求导向、成果应用”为主线，寻求纺织行业信息方面的共性需求解决方案，整体提高纺织行业的服务供给能力。苏州市吴江区盛泽镇致力打响“五新”（新秀展、数字新总部、智造新科技、设计新势力、体验新消费）首秀品牌，举办 2021 年第十届江苏（盛泽）纺织品博览会，在搭平台、优服务、拓商机、促交易的同时，推动盛泽纺织产业时尚步伐提速，智造转型升级。

第二部分　江苏省纺织业数字化转型问卷调研分析

本部分基于江苏省对纺织相关企业的问卷调研，分析并评估江苏省纺织业的智改数转进程，并与 1811 份江苏制造业数字化转型的全样本结果进行对比，以在行业层面探索纺织业数字化转型的基本规律。本调研共发放回收纺织相关企业数字化转型问卷 165 份，涉及“纺织业”“纺织服装、服饰业”“皮革、毛皮、羽毛及其制品和制鞋业”与“化学纤维制造业”四个行业大类。

一　江苏省纺织业数字化转型基本情况

（一）数字化转型进程尚处于起步阶段

图 A－1 展示了纺织相关企业数字化进程情况。其中，处于“未开始”和“已做准备”的数字化未起步阶段的企业均是最多的，但纺织业相关企业要略好于制造业总体情况。从已展开数字化转型企业的类型来看，有 4% 的纺织业相关企业已全面开展数字化转型，略低于制造业整体 5.15% 的水平，但是在经营管理业务和生产制造核心业务方面开展数字化的占比分别为 21% 和 12%，略高于制造业的总体水平 18.39% 和 9.32%。纺织业相关行业的数字化转型情况与制造业整体转型进程基本吻合。

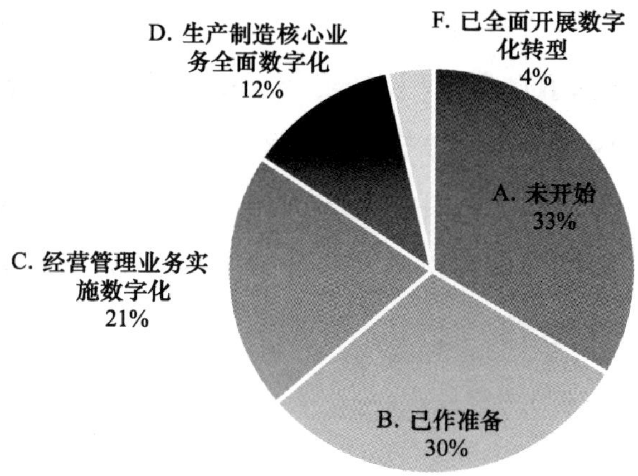

图 A－1　江苏省纺织相关企业数字化转型进程分布

（二）数字化实现路径仍以购买服务为主

图 A－2 给出了江苏省纺织相关企业数字化实现路径的对比。从对比来看，纺织业相关企业与制造业行业总体情况基本相同：均有大约五分之一的企业采取了自主独立开发的实现路径，有超过四成企业选择购买服务，选择校企合作方式的企业仍属少数，仅占十分之一左右。

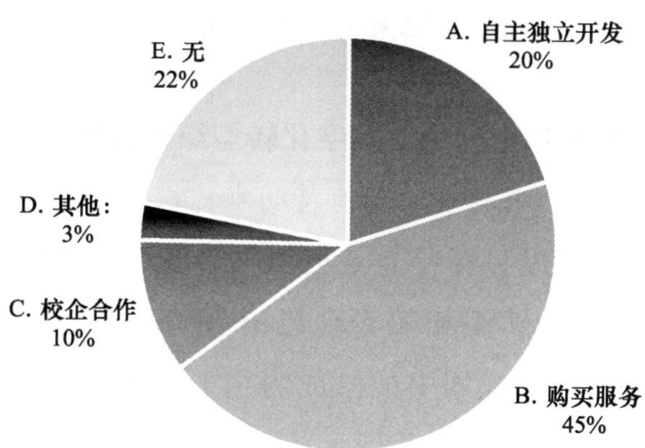

图 A－2　江苏省纺织相关企业数字化实现路径分布

（三）数字化转型动力的集群效应尚未显现

图 A－3 给出了纺织相关企业数字化转型驱动力的分布情况。

在数字化转型动力的多项选择题中，165 家纺织相关行业受访企业中，有 96 家选择了自身转型需要，53 家选择了产业链供应链上下游企业驱动，19 家选择了产业集群驱动，15 家选择了产业园区驱动。可见，企业自身为提升竞争力而做出数字化转型的动力最为强劲，产业链供应链的倒逼也是纺织业相关企业数字化转型的主要动力来源。江苏省在产业集群和产业园区建设方面，对于企业数字化转型的推动力仍显不足。

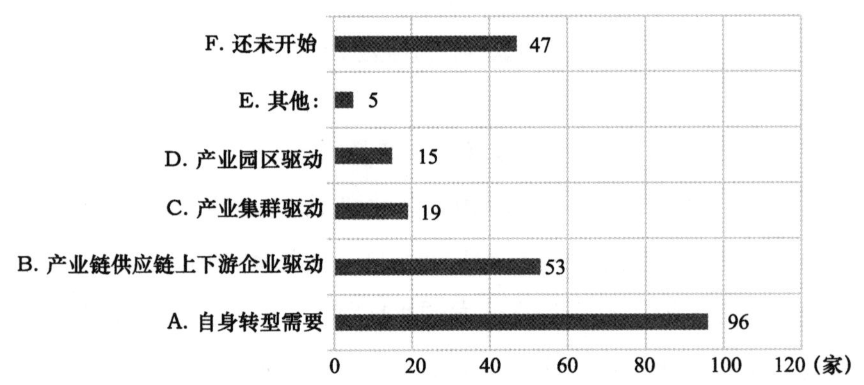

图 A－3 江苏省纺织相关企业数字化转型驱动力分布

二 江苏省纺织相关企业数字化转型综合分析

（一）数字理念与转型目标有待明晰，人才储备不足

确定数字化转型目标是企业开展数字化转型的重要一步。图 A－4 显示，超半数纺织相关企业已有较为明确的数字化转型规划，或分散在各部门规划中或已成为企业级的专项规划，但仍有 47.27% 的纺织相关企业目前暂无规划。图 A－4 显示的情况与图 A－5 类似，有 45.5% 的受访企业无信息化部门，且无专职人员，三分之一的受访企业配有数字化转型专职人员，但未设置独立部门。

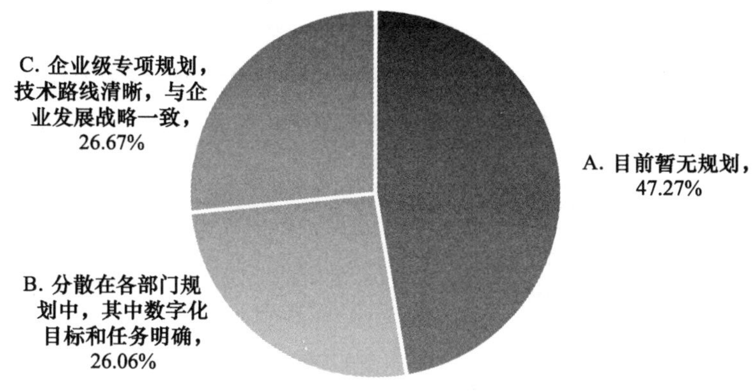

图 A－4　江苏省纺织相关企业数字化转型规划

虽同属纺织相关行业，但处于产业链不同位置的企业其数字化转型目标存在差异，其最终的目标都是为了提高企业的经济效益，只不过提高经济效益的途径多样化，从技术、市场以及成本等多种要素出发，都可以达到提高企业经济效益的目的。但是其中提高效率和技术积累是最为直接的。图 A－6 显示，165 家受访企业中有 111 家企业选择了提升效率，107 家企业选择了降低成本，开拓市场、增加营收、拓展品牌和技术积累分别有 72 家、59 家、48 家和 46 家。

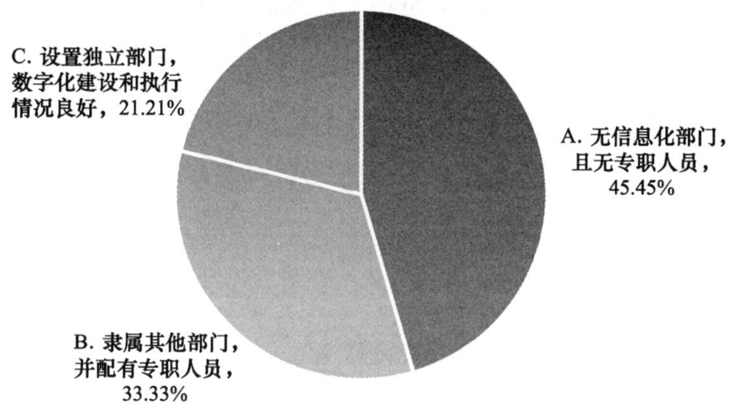

图 A－5　江苏省纺织相关企业数字化转型组织架构情况

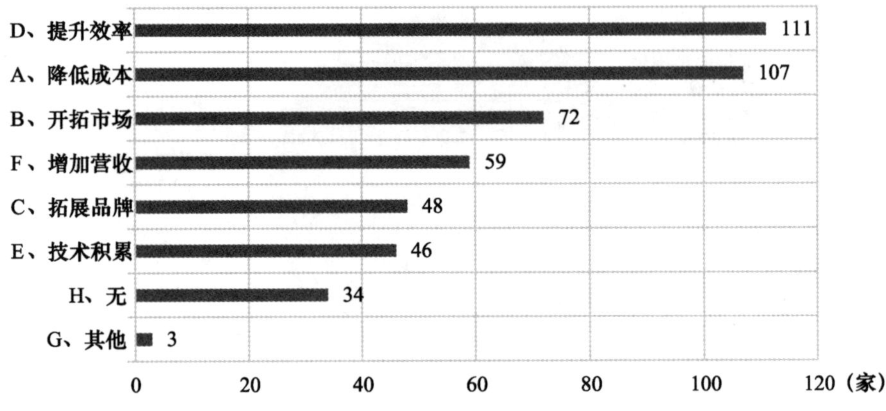

图 A－6　江苏省纺织相关企业数字化转型目标分布情况

虽然江苏省纺织业企业数字化转型的目标明确，规划逐渐明晰，但数字化人才储备仍明显不足。从图 A－7 江苏省纺织相关企业数字化人才配备情况来看，超过66%的企业数字化技术人才占比低于1%，多数制造业企业缺乏既懂数字技术又懂市场经营的复合型产业经营管理人才、缺乏从事数字技术产品设计和研发的高级技术人才、缺乏具有创新和冒险精神的企业家等。

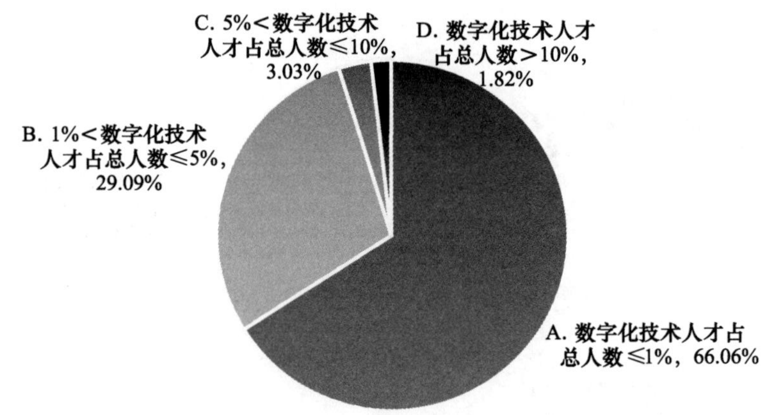

图 A－7　江苏省纺织相关企业数字化人员配备情况

(二) 数据要素获取能力有待提升，生产环节数据技术覆盖不足

图 A-8 和图 A-9 给出了江苏省纺织相关企业获取生产数据以及运营全流程数据覆盖情况。从企业运营全流程来看，仅有不到三成受访企业具备全面数据覆盖，44%左右的企业存在数据缺失和不完整的情况，超过四分之一的企业完全没有数据覆盖。数据要素获取能力不足的现象在生产环节更为突出，有 37.58% 的受访企业仍采取人工采集生产过程信息的方式，拥有较为完整数据自动采集以及生产过程追溯能力的企业不到四分之一。

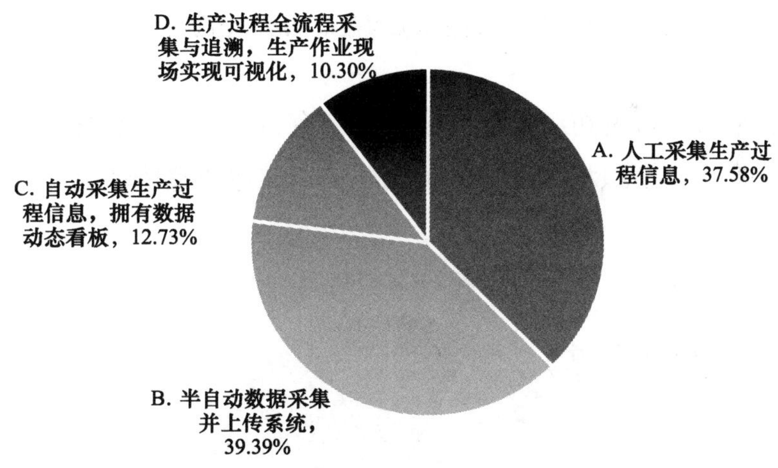

图 A-8 江苏省纺织相关企业获取生产制造数据情况

(三) 数字装备支撑有待加强，信息化程度短板明显

数字化软硬件的投入是企业实现数字化转型的必要条件。图 A-10 和图 A-11 展示了江苏省纺织相关企业智能制造装备拥有情况和设备联网情况。有接近 54% 的受访企业智能装备率低于 10%，超 58% 的受访企业智能设备的联网率低于 10%，同时超半数的受访企业不具备内部自身工业网络环境，超 55% 的受访企业没有使用

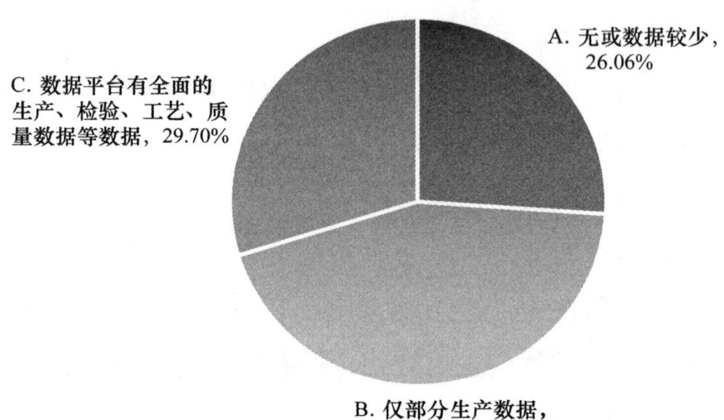

图 A-9 江苏省企业数据覆盖企业运营全流程情况

云服务平台。可见纺织业数字装备支撑有待加强，信息化程度短板亟须填补。但纺织相关企业的情况要优于制造业整体情况。

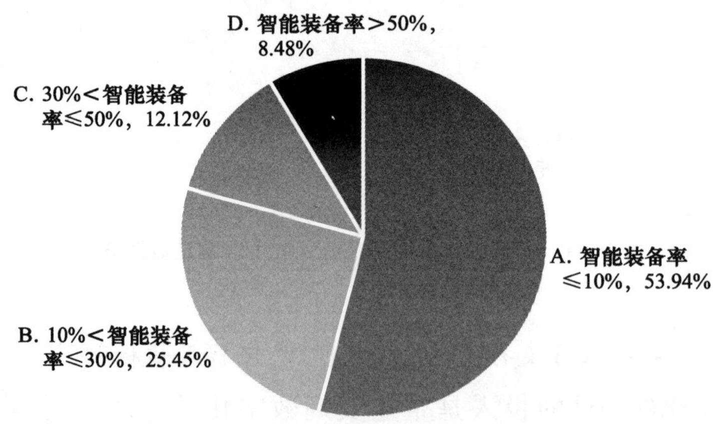

图 A-10 智能制造装备拥有情况

注：智能装备率 = 智能制造装备数/装备总台数

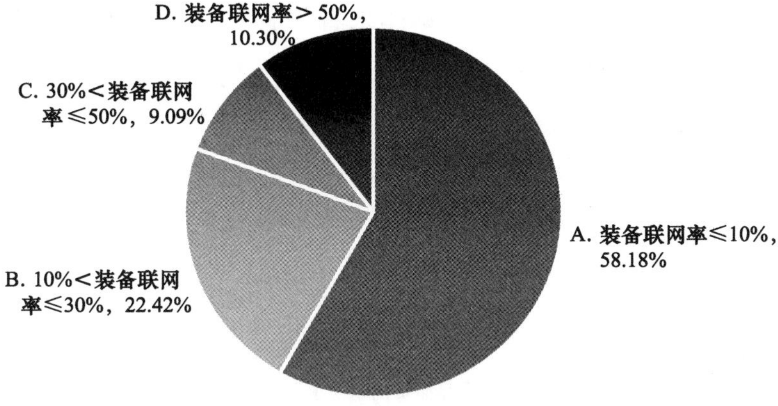

图 A－11　智能制造设备联网情况

注：装备联网率＝与生产信息管理系统相连的装备台数/装备总台数

（四）数字化应用场景欠缺，运营全流程均需加强数字化创新

图 A－12 至图 A－15 展示了纺织相关企业运营流程中生产物流配送、产品检测检验、采购销售、电子商务等方面数字化应用情况。从调研结果来看，数字化的应用场景尚未得到充分开发，生产

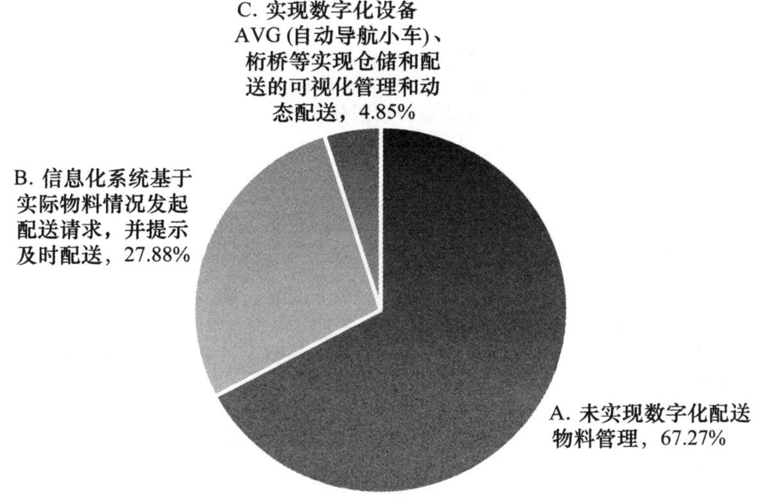

图 A－12　生产物料配送数字化应用情况

全流程均需加强数字化创新。具体来看，有超过67%的受访企业未实现数字化配送物料管理，超过72%的企业仍主要采用人工抽样检验的方式进行产品的检验检测，超过46%的企业仍采用传统手段方式管理企业的采购与销售，超过70%的企业采购、销售业务网络化水平低于20%。

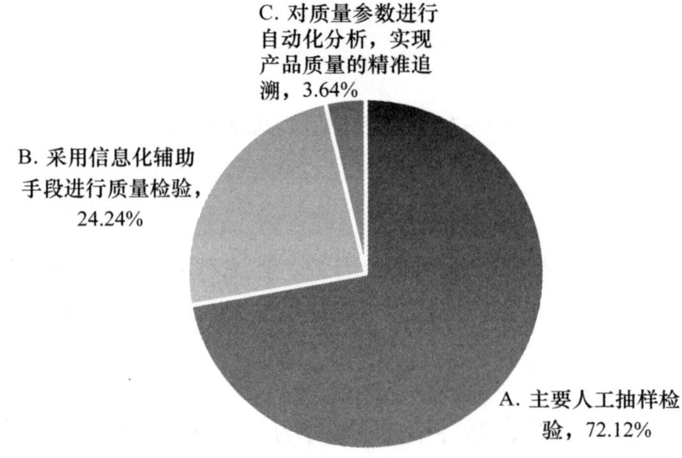

图A－13　产品检测检验数字化应用情况

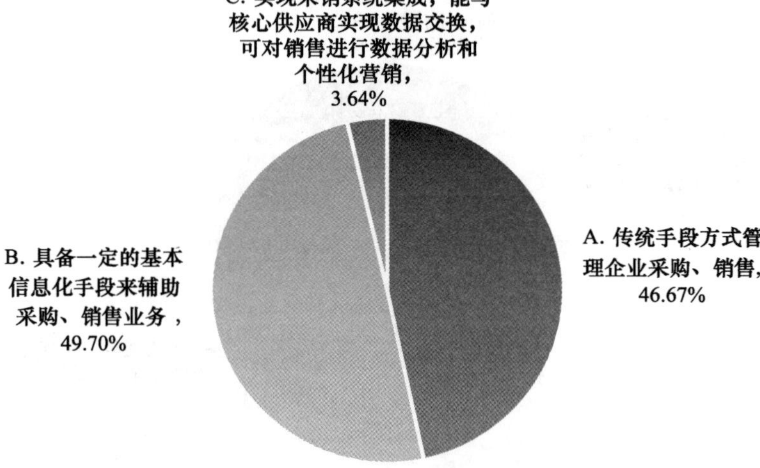

图A－14　公司采购销售数字化应用情况

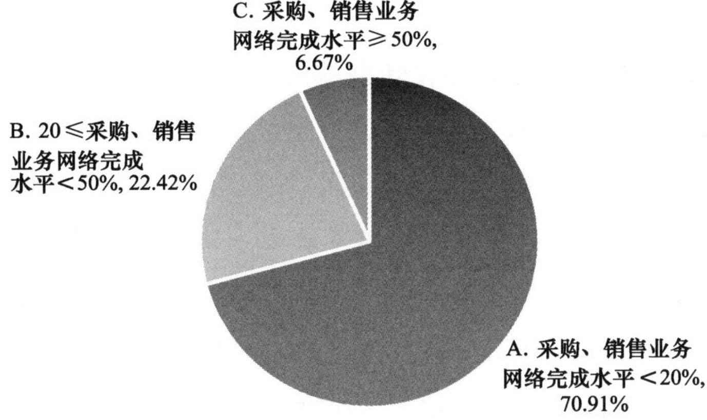

图 A-15　公司电子商务普及情况

（五）基础薄弱、路径规划和人才队伍是最大挑战

图 A-16 显示，纺织业相关企业数字化转型的最大挑战前三位为“企业数字化基础薄弱，缺乏足够的硬件”“缺乏转型战略规划与路径”“缺乏复合型人才队伍”，企业所反映的问题与前述现状分析较为吻合。目前纺织业企业数字化转型面对的具体难题有：“数据获取难”“数据接入难”“数据分析难”和“数据使用难”，归根结底还是“软硬技术不到位”“路径规划不成熟”“人才队伍不健全”。

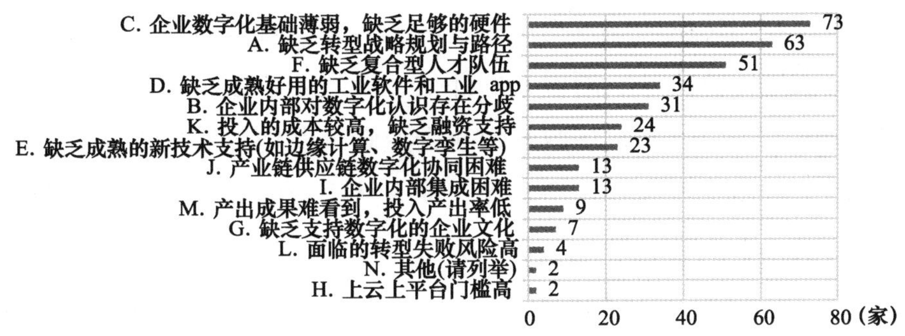

图 A-16　江苏省纺织相关企业数字转型挑战情况

三 纺织相关企业数字化转型的问题总结

本部分基于问卷调查情况，并结合实地调研、访谈情况，总结江苏省纺织相关企业数字化转型主要存在以下“四大缺位”：

（一）战略缺位，成熟经验积累缺乏导致企业转型信心不足

战略缺位不仅体现在缺少规划和部门设置上，也体现在缺少数字化“握力”上，江苏省多数纺织业企业存在孤岛式盲目部署数字化现象，难以从数字化投入中看到价值。在部分企业的战略规划中，数字化战略与业务发展是“两条线、两层皮”，企业发展战略对数字化部署方向的指导性差，数字化部署的重点与业务发展侧重关联弱。缺少与业务的强相关，这种“零敲碎打”式的数字化建设往往难以触动到企业的转型核心，因而难以发挥对业务的赋能作用。这也体现出纺织行业数字化转型成功经验的挖掘与推广不足，纺织行业仍是一个劳动密集型行业，其本身数字化转型存在动力和成本的矛盾。因此，纺织业只有不断挖掘和总结创新的数字化转型模式，才能让更多纺织业企业拥抱数字化转型。

（二）要素缺位，数字化结构失调导致人才和资金吸引不强

一方面，数字化转型是涉及企业全业务、跨职能的系统性改革工程，且数字化转型的系统性要求导致数字化投资见效慢周期长，而多数企业用传统的绩效指标衡量转型效果，难以对数字化转型进程与价值进行阶段性、渐进式的评估，导致企业数字化转型资金投入量偏低。另一方面，多数纺织业企业缺乏既懂数字技术又懂市场经营的复合型产业经营管理人才、缺乏从事数字技术产品设计和研发的高级技术人才、缺乏具有创新和冒险精神的企业家等。目前，江苏省对这些高端人才的吸引力还不够，在工资待遇相当的情况下，高端人才更倾向于选择北上广深，享受户口带来的诸多红利。同时，这类人才培养周期长、难度大，外部招聘又难以准确定义，

进一步加剧了此类人才的短缺。

（三）技术缺位，关键技术缺失导致核心领域开发动力不足

目前江苏省纺织业数字化转型过程在软硬技术方面体现出缺乏完善的数字化软硬件基础设施、核心关键技术能力不足等短板。当前，关键工业软件、底层操作系统、嵌入式芯片、开发工具等技术领域基本被国外垄断。江苏省能够生产的工业传感器与控制产品大多集中在低端市场，控制系统、平台数据采集开发工具等领域的专利多为外围应用类，缺少核心专利。软硬技术的缺失，导致了数据平台覆盖率低、数据的完整性差，降低了关键业务决策的准确性，增加了企业生产成本，不利于制造业企业的长期稳定发展。从调研数据看，亟须高效统一的数据服务平台。目前，江苏省制造业企业数字化平台建设还有待完善，缺少统一、高效的数字服务平台，企业对于建设数字化转型的公共服务平台、企业上云服务平台、信息安全服务平台、大数据服务平台等皆存在诉求。

（四）应用缺位，专业模式开发欠缺导致运营流程连接不畅

纺织业企业数字化应用缺位主要体现在产品研发设计的数字化含量偏低、生产制造的数字化应用程度偏弱、经营管理模式的数字化转型力度不足三个方面。例如，在供给侧，以纺织服装产业为例，其链长且分散，整体包含了“棉”（原材料采购）、“纺”（把棉花变成棉纱）、“织”（把线织成坯布）、“染”（把坯布染整成面料）、“布”（成品布的采购与交易）等诸多具体的生产交易工序。对传统人力和经验的依赖较强，缺乏创新思维导致全生产流程很难实现可视可控、各产业链环节的精准对接，在提质增效方面亟须创新的数字模式赋能。在需求侧，订单定制化要求高，生产品种多、批量小、翻新快、个性化定制需求给规模化生产带来了强烈的冲击。多品种、小批量、快翻新成为订单的新特性，传统工厂的设备、流程、工艺、理念都适用于大批量生产，灵活性严重不足。

第三部分 江苏省纺织服装业智改数转的发展模式分析

在数字技术飞速发展的时代背景下，江苏省纺织服装企业积极实施“智改数转”工程，探索将新一代数字技术应用于企业管理运营体系和市场创新，以实现纺织服装产业的可持续发展。课题组在深入走访、访谈企业的基础上，选取了江苏省大生纺织、红豆集团、波司登羽绒、虎豹集团、笛莎公主等多家转型成功的企业进行了深入剖析，并根据上下游数字化转型具有共性特征的企业进行模式总结与归纳：上游企业主要提供纺纱面料供应且织布环节的标准化相对较高，转型焦点主要集中在业务流程中的技术运用、产能布局以及规模效应，智能化设备的普及能带来纺织企业生产力的极大提升；中游成衣制造环节虽然资本开支相对较小，但产品附加值相对较低，处于完全竞争状态，其主要竞争集中在差异化、个性化的定制领域，其转型路径主要通过数字技术实现衣料合理规划下柔性生产，最大限度满足消费者个性化需求；纺织服装产业链越靠下游毛利率越高，纺织服装零售企业转型核心竞争力主要体现在销售渠道布局、品牌开发及运作，数字化营销模式的不断创新不仅丰富了企业销售渠道，更是让企业经营效益实现倍增。

一 设备升级为核心的“科技飞梭”模式——上游纱布原料生产企业以智能化设备推动全流程可视化制造

纺织行业正经历从劳动密集型向技术密集型转变的关键时期。1733 年飞梭的发明，使得织布效率大大提高，也刺激了对纺织棉纱的需求。而到现如今，高速化、自动化、智能化、连续化的纺织生产已成为现代化纺织厂的标志和必然趋势。特别是随着劳动力价格的持续上涨，上游纺织原料企业的人工成本正在不断增加，以智能装备投入提升传统纺织产业，推动技术红利替代人口红利，成为上游纺织企业优化升级和经济持续增长的必然之选。“机器换人”是以“现代化、自动化”的装备提升传统纺织产业实现“减员、增效、提质、保安全”的目的，智能设备的更新加上数字平台的完美集成，成为越来越多纺织原料企业的首要选择。

（一）大生纺织（南通）：打造24小时黑灯“数字化纺织工厂”

大生纺织作为中国纺织行业的“活标本”，一直是江苏省乃至全国服装纺织“智改数转”的先行者。2022 年集团加快传统产业数字化转型升级步伐，建成投产全国第一个 10 万锭智慧纺纱工厂，项目采用全流程智能化纺纱成套装备，成为全国纺织行业智能制造的新典范。大生集团建成智慧纺纱工厂，投产后万锭用工将少于 10 人，生产效率比此前的数字化车间将再提高 20%，从劳动密集型的传统生产方式转变成智能化、数字化的高效率生产。大生纺织生产流程数字化主要经历了以下三个阶段。第一阶段：智能化设备的更新，实现生产流程的优化。从嵌入式匀整并条机、自动落纱粗纱机、紧密赛络纺细纱机、自动络筒机，到粗纱输送系统、智能 AGV 运输系统，大生“棉纺数字车间”通过引进先进智能设备不断改进生产及工艺流程，装备数控化率大于 90%，万锭用工已从普通车间的 45 人减少到 20 人，如紧密赛络纺细纱机采用电子牵伸、电子加捻卷绕和单锭检测等技术，取消传统捻度变换齿轮和总牵伸变换齿轮，改由伺服电机驱动，可实现工艺参数的数字化在线调整，拓宽了细纱机工艺的适用范围，最大牵伸倍数超过 90 倍；自动络筒机与细纱机直连，络筒工艺及纱路进行全新优化设计，独创改造的捻接器，实现对天丝纱接头的突破；粗纱输送系统采用立体纱库，上层为尾纱库，下层为满纱库，节省占地空间的同时粗纱直接开进细纱机纱架，取消传统的上粗纱工。第二阶段：建立资源管理模块，形成业务流程管理集群管理。包括工艺管理、设备管理、质量管理、能耗管理、物料管理、人员管理等，大生纺织集成“经纬 E 系统”实时监测设备的运行状态和产量、质量、用电、环境等参数指标，集成监测整体车间内的粗纱输送系统、单锭检测系统、车间环境控制系统、乌斯特质量管理系统、灯光控制系统等，实现细纱机了机预测、设备故障维护管理、人员和订单管理、报表生成等功能，可利用手机、平板电脑等终端设备进行远程管理，达到生产跟踪、进度显示、断头预报、故障预警和计划预估等。第三阶段：基于过程实时数据及生产业务流，实现各资源管理模块之间的业务流转。目前大生纺织在清花、梳棉、并条、粗纱、细纱、落筒、打包等流程均能完成业务流程的实时推送，实现以可视化生产管理为目标的计划管理、工序优化排程、资源优化分配与管理、生产单元的优化分配、生产过程的跟踪纠错与优化调整、产品性能的分析与优化建议、产品流转过程的追溯与状态全记录、绩效的综合统计与评估等功能，在数字化业务流程管理下，大生纺织智能车间智能车间用工仅需 15 人/万锭，远低于普通车间 40—50 人/万锭的用工水平，且生产效率提高 10% 以上，吨纱综合成本下降 1000 多元，真正实现了自动化、智能化、用工少、效能高。

（二）德顺纺织（宿迁）：智能设备乘“云”而上，系统集成向“数”而行

“企业上云”是中小企业进行数字化转型的重要路径之一，有利于降低企业信息化建设成本，构建产业互联网创新发展生态，促进实现纺织服装业全过程、全产业链和产品全生命周期的优化，提升制造业与互联网融合发展水平。近两年来，德顺纺织在产业互联网大潮中，坚持数字化智能化设备运用，利用大数据完善公司内部管理，积极推动企业上云工作。德顺纺织在这方面投入巨大精力和

资金，与智能化公司展开合作，顺利实施了“大数据资源共享平台建设”项目，该项目整合了 OA、ERP、MES 各系统，充分运用信息化和智能化的技术，在生产设备上采用纺织物联网系统、智能制造系统，实现设备连线、车间联网，云端运行，实现生产流程的可视化、智能化。主要涉及以下几个方面：一是实现设备联网数据采集。与大生纺织购置新设备不同的是，德顺纺织选择采用在每台纺纱主机设备上加装数据采集器方式，实时采集各设备运行状态和生产工艺信息，通过有线或无线方式实时集中反馈至云服务器，做到企业所有纺机状态的实时追溯监测。二是系统重塑业务流程。德顺纺织积极建立生产数字化平台、销售平台以及企业内部管理平台的集成系统，销售订单自动传输到生产数字化平台，通过生产平台下达生产通知单、车间安排单、工艺翻改单，车间轮班长通过移动终端，对纺纱设备进行精准品种开台等操作，同时结合纺纱机联网所获取的产量数据，实时计算订单完工产量，快速实现订单在线盘点。除此之外，数字化对业务流程的重塑实现了不同品种不同设备实际运行状态和生产综合效率分析的横向对比，通过数据分析发现交期瓶颈，提供柔性化生产依据，并实现订单的跟踪与可追溯性。三是打造生产现场的指挥预警中心及可视化看板。在生产在线采集与 MES 执行系统收集的各机台实时状态信息回传后，将各机台、各班组、各工段、各车间的产量、效率预警、故障呼叫和统计信息，实时反馈在各处的看板上，推进现场看板管理的动态化、实时化，保障问题的及时高效处理。四是实现移动办公及应用。企业生产数据时时互联互通，在生产运转和设备管理方面，不只是软件应用的升级变革，PC 端、手机 App 等载体更加多元，可以是手机，也可以是 IPAD 结合使用，大大简化了企业执行层的工作难度，提高企业整体工作效率。

（三）悦达纺织（盐城）："两化融合"建设绿色智能工厂项目

悦达纺织作为行业后起之秀，成功吸取了行业领军企业"智改数转"的成功经验。2022 年 6 月 28 日悦达投资发布公告称，经董事会会议通信表决，通过全资子公司悦达纺织 10 万锭绿色智能工厂项目的议案，该项目投资总额为 3.62 亿元。根据公告透露，智能工厂项目主要包括两方面：一方面是技改与装备更新。即通过应用智能化、自动化、数字化的高端装备和生产技术进行升级换代，保留原有 1 套 6 台精梳生产线，1 万锭 8 套粗细络联生产线，并新增 9 万锭智能化生产规模，全部配备全流程自动化、连续化、数字化棉纺成套设备，实现从原料到产品入库全自动化生产、传输、包装的全流程智能化改造，企业整个生产流程实现清梳联、条并卷精梳自动化、系统实现自动换卷、自动接头，粗细络联，细纱采用 1824 锭超长车，AGV 条桶输送系统实现了条筒自动输送，精准到位。另一方面上云与平台建设，即通过 5G、大数据、云计算技术集成 ERP、MES 企业平台，驱动纺织智能生产与数字化深度融合，生产层面全面采集汇聚十万锭运行数据，用数据串联起原棉、清梳联、预并条、条并卷、精梳、并条、粗细络联、自动包装、成品入库等具体流程，实现产能实时统计、排产灵活调度、产品全流程追溯、设备、器材在线管理等多个数字化应用场景。

二　客户需求为宗旨的"私人裁缝"模式：中游纺织服装制造企业以柔性化生产实现批量化个性定制

近年来，随着电商规模发展与消费能力升级，纺织服装行业尤其是终端制衣市场的发展越加瞬息万变，潮流风尚变化加快，消费者对服装的需求呈现个性化、多元化趋势，这给传统的服装企业提出了新的难题。随着纺织服装消费者主体地位的越发强化——客户消费者购买的应该是"我的衣服"，而不是"你给我做的衣服”，更不是渠道商、代理商卖给他的层层加价的成衣。按照这一逻辑，下游的纺织服装企业的数字化转型应从满足客户个性化需求的源点价值出发，生产的出发点从“人找衣”变为“衣找人”，所提供的产品应该是给客户量体定制、有客户个性化设计元素的衣服，即直接面向终端消费者的高性价比的定制产品。按照这一思路，江苏省部分纺织服装企业在进行自身数字化转型时，更加注重满足消费群体及目标客户的现实需求，从而实现企业转型及价值提升。

（一）红豆集团（无锡）：“3D 量体技术 + CAD 数据系统 + 智能定制”AI 量体仓

近年来，红豆集团主动拥抱数字化，企业秉承“拥抱数字化，就是要让我们生产的衣服更‘懂’人”的经营理念，通过对大数据的运用，做到了以工业化的手段和效率进行大批量的个性化服装生产，借助数字科技在产品舒适感和高品质之间找到契合点，面向服装行业个性化定制需求，快速实现端到端服务一点接入。在门店私人定制方面，红豆集团从最初通过企业“红豆轻定制”App 小程序尝试进行需求及数据收集，到目前通过采用激光 3D 量体技术实现 720 度可视化智能体量，根据用户选择的板型自动生成符合客户身体尺寸的样板，在智能打版后进行数据自动分发，平台工厂接受数据后进入生产、成衣配送等环节，完成个人定制全过程。在团装、大货定制方面，产前工艺技术准备是柔性快返制造的核心模块，红豆集团采用博克 CAD 系统将团装模式中以原来的一单一版升级为将款式拆分成多部件，根据工艺组成对应制衣板型，支持企业将传统生产模式转换为柔性快返的生产模式。具体流程为：首先建立个性定制 CAD 样板库，所有部件工艺定制，根据量体尺寸自动变版且所有工艺、量体形成部件板型库。其次是个性定制特体驱动和检查，根据量体数据，产生一人一版的样板数据，针对订单特体超出变体范围的样板，自动加标记方便后续检查，针对有超出标记的样板自动推送到特体人工检查工位。再次是团装业务自动归号，根据量体数据以及归号规则，对订单数据进行归号计算，将订单归为标准码和非准码两类，非标准码订单需要记录每一件衣服的加放量以便二次精裁用。最后是大货和团装自动分床，支持大货和团装自动分床及裁剪规划。目前红豆集团“智能定制”可以实现1分钟量体——2分钟出板，3天内发货，7日内全国必达的服务体验。在新需求方面，红豆集团不断在制造前端加强技术创新，提高产品的“含新量”来满足消费者更高的穿衣需求。如红豆集团热销的红豆居家柔软型内衣，精选柔软原料、采用9道柔软工艺、面料达到3级柔软标准，让红豆集团的产品满足了消费者的新需求，把服装业和大健康产业“缝合”在一起。此外，还通过应用穿戴式技术对日常穿戴进行智能化设计开发，推动传统纺织服装产业创新升级。如研发推出动态心电监护跑步衣，为跑步者提供舒适穿着体验的同时进行稳定的心电监测，并产出准确的多样化数据，再一次提高了“服装、医疗、科技多方融合”的含金量。

（二）波司登羽绒（苏州）：“定制云平台+C2M零售”的特码定制业务战情室

新冠疫情防控常态化背景下，波司登重点围绕零售、商品两个领域开展数字化探索工作，从根本上扭转和解决服装行业供应与消费者真实需求不匹配的问题。在零售领域进行客户服装消费行为数据集采工程。与阿里、腾讯达成战略合作，利用阿里数据中台技术，推进全域数据中台建设。建设用户标签、商品标签、渠道标签体系，整合企业内部及外部大数据，精准贴合用户需求，提升产品研发有效性；精准圈选目标人群，线下全面升级战略渠道，尝试拓客拉新、离店销售、社群营销等新零售手段，提升用户体验；线上推动精准会员经营，导入粉丝种草、红人直播等新零售手法，多触点链接新时代消费人群。2020—2021 年，波司登新增企业微信好友超 930 万人，微信公众号粉丝累计超 670 万人。波司登品牌天猫平台拥有注册会员超 476 万人，其中 30 岁以下年轻消费者占比有明显增长，达 27.4%。会员复购销售金额占线下总销售金额的 26.9%。强大的数字化运营能力，为波司登开展个性化定制提供了系统支撑。在产品领域通过“云平台 + 新科技”推广“特码定制”项目。2019 年以来，波司登定制云平台在全国 400 家门店推广应用“特码定制”项目。客户及消费者基于个人喜好、个体尺寸，可在线或在门店 POS 系统完成下单流程，云平台自动把定制款式、消费者个人喜好、个体尺寸下发技术部门制作技术资料，并上传云平台（CAD 图纸、BOM 用料、工艺尺寸说明等）、智能分配工厂生产，生产完毕后工厂实时调用、打印快递公司面单并自动通知快递公司揽收、配送至消费者，从门店、到技术、到生产、到物流全链路联通且可视，实现定制交货周期最快仅需一周，也奠定了波司登 C2M 商业模式转型的基础。此外在团购定制方面，公司除了运用云平台技术开展定制服务外，还从客户需求出发，不断投入研发新材料，实现了羽绒、面料、辅料、工艺等多方面的技术突破，如波司登的“登峰”系列，搭载了号称“世纪之布”的 GORE - TEX 面料，采用来自北纬 43°黄金羽绒带顶级鹅绒，运用热反射面料防止热散失，采用压胶工艺能最大限度减少风寒，更内置有“生命探测仪”可以在遭遇险情时快速定位营救，成功为中国南极科考队定制极地功能性羽绒服，为丰田公司定制特殊防寒测试服装，这些既提高了用户体验和满意度，又提升了波司登在专业领域的羽绒服专家口碑。

（三）虎豹集团（扬州）：高端职业装定制系统打造最美西服

虎豹集团专注职业装 30 余年，是中国职业装十大领军企业之一，主要从事大型集团及企业的团购职业装定制业务。虎豹集团主要通过组建服装数字化智能型定制研究中心，创新开发了由智能机器和人类专家共同组成的数字化智能化定制系统，该系统通过柔性化重组定制职业装数字化流程，实现了虚拟专用网络环境下基于三维测量、三维人体转换、智能纸样生成、假缝修正、模型试衣等职业装智能数据的一体化集成和数据交换，使团购西服等职业装的定制和更新制造更加自动化、柔性化、智能化和高度集成化，有效解决了特体人员挺胸、驼背、溜肩等现实问题，并对生产过程中的裁剪、用衬、垫肩、缝制等进行了工艺结构的改造和优化，在提高团购职业装用户体验的同时，有效地提高了企业数字化智能化制造水平。目前虎豹集团已提供面向银行、保险、证券、公检法、税务、公路等多领域行业服装定制业务。

（四）汇鸿国际（南京）：外贸型服装企业的数字化“蝶变”

汇鸿国际脱胎于原江苏省纺织品进出口公司，集团旗下的汇鸿中锦、汇鸿中天、汇鸿中嘉等多家子公司均以纺织服装出口业务为主业，出口总额一度占据了全集团出口总额的半壁江山。在集团大力推进服装出口业务由 OEM 向 ODM 和 OBM 转型的大背景下，企业把数字化转型的切入点放在了当时信息技术在纺织服装行业应用最成熟的一个领域——数字化设计上。初试身手，引进为主。2018 年，旗下子公司汇鸿中锦率先在服装设计环节引进了 3DClo 项目，大大提高了公司自主设计能力，即通过虚拟建模和三维成像技术，让服装设计师能够在电脑上直接“缝制”出具有逼真效果的成衣，并可在虚拟模特试衣中即时展示出裁剪及各类工艺的调整情况，从而实现服装的数字化、可视化设计。此外，使用 3DClo 后企业不仅可以大大节省前期的沟通、设计、打样和邮寄往返的时间，还可以节省大量成本费用。继中锦公司之后，汇鸿中天、汇鸿中嘉、汇鸿中鼎等集团诸多子公司均相继引进了 3DClo 设计软件，不仅坚定地迈出了数字化转型的第一步，还逐步形成了行业领先的数字设计的能力，在提升设计效率、增加出口额度、节省开发成本等方面发挥出了十分重要的作用。其中，中嘉公司在推进数字化设计研发能力建设的两年间，为同一位英国客户制作了500多个3D虚拟产品和十多个虚拟展厅，实现了出口额从2019年的63万美元到2021年570万美元的飞跃。合作开发，铢积寸累。集团大胆尝试与浙江凌迪数字科技有限公司联合开发Style3D，与先前的3DClo相比，Style3D更加注重产品的迭代升级，围绕虚拟设计延伸出的各类周边功能十分全面，集团与凌迪公司开发团队展开了深度而密切的合作，充分发挥其对于纺织服装行业的理解，为凌迪公司提供了大量Style3D系统优化升级的合理化建议和解决方案。而在这一系列深度合作中，也实现了企业从单纯的软件使用者向“半个开发者”的身份转变，不仅在外部专业团队的熏陶下加深了对传统行业数字化转型的认识和理解，还从凌迪这样的新兴科技公司那里学到了不少先进的工作方法，以及一切以用户为中心的工作理念，更为重要的是，大大提振了集团加快向数字化世界转移的信心和决心。打通平台，系统整合。集团全面整合内部各子公司独立数字化平台系统，有效打通纺织服装数字化应用在不同系统之间的技术端口，让此前在不同系统中独立沉淀的数字资产互为所用，从而促进上下游企业在数字化设计领域的互联互通，如将中嘉公司在虚拟设计、VR展厅、柔性智造等营销端的优势与中天公司丰富的数字化面料资源有机结合，让设计师在进行虚拟设计时将各类面料参数“一键带入”成为可能，实现了同一款服装在不同面料效果之间的自由切换。在这样互联互通的数字化环境下，中天、中嘉两家兄弟公司各自的供应链优势迅速产生了乘法效应：中天海量的面料资源可以被中嘉设计师轻松地用作虚拟设计素材，强势助力ODM订单；而中嘉的虚拟设计、VR展厅等数字化手段，也为中天的面料资源实现了可视化升级和数字化应用，成为中天面料面向客户进行营销的助推器。双方数字化应用平台成功打通了数据共享的技术通道，双方的海量客户通过这一通道得以迅速集结成数字化生态圈，从而实现了各自平台功能和综合竞争力的大幅提升。在全球新冠疫情的大背景下，这种突破时空限制的数字化变革无疑更有意义，更富生命力。

三　经营效益为目标的“流量获取”模式：下游服装批发零售业以数字化营销放大规模化收益

近几年，实体零售线下客流锐减，服装批发零售企业的转型压力前所未有。新技术的出现和不断升级，也让服装零售企业越来越强烈地意识到，数字化转型成为必不可少的能力。一边是消费行为变化和互联网红利消失，另一边是实体零售在采购、运营和供应链端的变革必须加速实现。从十多年前的货架电商，到近两年兴起的直播带货和私域流量，服装零售经历了一次次更迭，如今身处新一轮数字化浪潮中，其中率先完成转型的头部玩家，既验证了数字化对服装零售业态的赋能效果，又将推动整个服装零售行业的数字化改造。数字化转型重构了下游服装零售行业的“人、货、场”，在这一过程中，推进传统线下门店模式与线上数字化新零售模式融合将是重要的突破口，让二者发挥各自所长，实现线上流量刺激线下规模，线下资源反哺线上红利，这些年“6. 18”“双十一”“抖音直播”等数字营销新渠道极大地助力了服装零售行业经营效益的规模化的可持续发展。

（一）海澜之家（无锡）：打开数字化服装营销密码

在数字化浪潮蔚然成风的当下，海澜之家逐渐掌握了一套品牌数字化营销“密码”。从海澜之家集团 2021 年财报上看，线上业务保持快速增长，展现了其数字渠道销售的强劲实力，主营业务收入达 27. 26 亿元，同比增长 32. 98%，彰显了中国第一男装品牌用数字化赋能营销的决心。一是私域流量成为零售新阵地。海澜之家从2020 年开始，推动线下门店 CRM 系统建立，截至目前线下门店会员总数超过 2300 万，总体会员超过 6000 万。海澜之家有着清晰的会员培养思路：注重线下门店的贴心服务，线上商城的便利购物，以门店引流为基础，帮助品牌不断完成“拉新蓄水”；全域场景化营销实现公域流量和私域流量的联通转化；“微信公众号 + 小程序 + 视频号直播”的成熟模式刺激私域流量的活跃和不断复购；最终拉通潜在用户—新用户—老客户—忠诚用户的培养链路。疫情期间，海澜之家限时开启“线上奥莱活动”，再一次印证了这套成熟的用户培养链路的成功，活动开始仅 2 分钟即完成销售破亿，春秋两季奥莱活动最终斩获销售近 5 亿元。二是云上数字化直播拓展销售新渠道。海澜之家从 2016 年布局直播经济，打造品牌自播声量。据财报数据显示，海澜之家各电商平台粉丝数超 4000 万，主营业务线上收入占比较 2020 年的 11.75% 提升至 2021 年的 14.2%，尽量消减了新冠疫情对线下门店的影响。依托于海量数据库和强大的数据分析能力，海澜之家对直播全过程进行精细化管理，打造差异性直播服务体系：前端通过线下门店的私域流量以及线上平台的公域流量联合引流，中端完成技术支持及直播互动，后端快速准确的进行数据反馈和内容沉淀，优化直播渠道和产品品类，形成了一套低成本、易操作、见效快的直播运营矩阵，不仅为企业赢得私域流量沉淀、销售线索转化，也帮助其实现了 PC 端运营的降本增效。三是运用“明星 + IP”数据化营销思维。明星效应 × 品牌知名度，这是品牌营销中的一对天然 CP，然而明星代言的效果已经不再是简单追求“流量收割”，而是需要搭建品牌与大众的情感桥梁——诠释品牌态度，增强国民共情，占领大众心智，实现品牌赋能。海澜之家连续七年男装市场占有率第一，从签约“国民偶像”周杰伦开始，海澜之家就找准了国民品牌、民族服饰、国货之光这条路。

2021 年海澜之家巧妙抓住了国民情绪与时代脉搏，先是出现在了央视春晚这桌“年夜饭”上，之后又与中国航天精神共情共振，创造中国航天·太空创想联名系列，让中国人拥有穿上自己国家航天联名的骄傲和自豪。自此完成了国民品牌海澜之家“陪伴国人共同成长”这一理念的深入人心。海蓝之家数字化营销——公私域流量联动，数字化直播完成“种草—拔草”闭环，明星/IP 营销强化“品牌气质”，以数字化技术的发展和社交媒体的崛起为品牌营销赋能，助力企业效益飞速发展。

（二）罗莱家纺（南通）：小程序直播推进“四个数字化”

电商平台向来是罗莱家纺线上营销领域的传统营销主战场，而微信是其正在努力发展的新营销平台。今年来直播的超常营销能力和微信直接对接产品用户的功能，让罗莱家纺准备进军微信小程序并开展直播。在此之前，罗莱家纺需要为此完善以小程序直播为目标的业务升级。2019 年 7 月份，罗莱家纺正式开始推进以小程序为基础的业务建设，并加入腾讯智慧零售倍增计划。罗莱家纺对小程序的定位是鉴于自身“品牌—加盟商—消费者”的业务模式，小程序能够赋能加盟商并实现罗莱家纺线下业务的数字化转型。罗莱家纺门店的数字划分为四个部分。一是商品数字化。罗莱家纺借助合作伙伴腾讯的工具箱，充分发挥信息化功能，将整个供应链体系的库存信息打通，实现库存商品的高周转率。二是导购数字化。单个线下实体门店的产品数量通常较少，而数字化商品的“虚拟货架”将实现线下门店产品数量的“倍增”。这一现象促使导购的销售能力不受限于产品数量，进而提高整体导购的销售水平和销售额。另外，微信小程序的线上功能能够帮助导购利用微信后台的行为数据了解用户的购买偏好与习惯，有助于导购人员后续营销策略的改进，实现精准营销。三是会员数字化。相较于平台直播，微信生态圈的直播营销实质上就是商家私域流量的积累和发展。微信小程序的线上解决方案本质上就是通过微信一对一地深化与会员之间的营销服务关系。四是数字化运营解决方案。供应链间商品的信息互通能够让直播的效益惠及线下各门店；数字化运营解决方案是微信小程序直播顺利进行的条件之一，会员服务质量也会有所提高，导购能够助力直播实现大量用户流量。罗莱家纺线下门店可以基于上述数字化进程，为用户提供更高级精准的数字化运营解决方案，实现用户、产品和场景的重构，最终完成门店数字化目标。下一阶段，罗莱家纺将持续强化微信公众号的能力，探索通过企业微信的模式提升私域社群的 SOP 运营标准及管理，以及基于加盟地区直播活动的一系列标准化作业流程，将会是罗莱家纺的重点工作。对于小程序直播的能力，罗莱家纺希望能增加专业设备推流、直播间分享控制，以及直播间门店页面装修等能力。未来罗莱家纺也将继续增加在小程序直播上的探索，持续优化小程序业务模型。

（三）笛莎公主（扬州）：数字化电商营销的进化

笛莎公主是“全国电子商务示范企业”，“中国童装十大品牌”，企业则采取电子商务渠道和实体店共同发展的模式，笛莎的数字化电商营销策略主要经历了四个阶段。笛莎 1.0 时代（2010—2012 年）——率先在国内提出女童产业新概念，依托动漫文化，创建自主品牌“笛莎 Deesha”，与国内电商 SaaS 系统及服务提供商千米网合作，采用千米网专业的电商解决方案，推出“笛莎公主商城”，搭建了自己的独立电商平台，成为国内第一家全面建设 ERP 的电商企业。笛莎 2.0 时代（2013—2015 年）——全面立足“互联网 + ”领域，实现线上线下一体化运营。线上采取“全网计划”，在天猫、淘宝、京东、唯品会等 15 家第三方主流平台，建立笛莎旗舰店，实现了公司 85% 的销售业绩，占据主导地位。线下开设直营、加盟实体店铺，取得 15% 的销售业绩。2016 年起，公司已进入以“去中间化”为核心的运营模式。笛莎 3.0 时代（2016—2018 年）——发力“新零售”商业模式打造无边界购物。笛莎将充分发挥笛莎在互联网基因、消费者心智、公主文化和全新品牌等方向的先发优势，全力打造干部团队、产品力、品牌力、创新力和执行力，奠定未来发展的坚实基础。产品风格也跟随市场趋势日益多元化，从单一的公主风转变为优雅公主、摩登女孩、顽皮精灵三大系列。近几年的“双十一”，笛莎每年均能实现销售近 6000 万元，在天猫童装类目排名第七。笛莎品牌目前将进入笛莎 4.0 时代（2019—2022 年）—— 打通女童全产业链，形成资源有效整合，促进合作共赢。借助“笛莎互联网智慧大厦”项目，推动笛莎业务外延及产业拓展，打造“公主小镇”等新概念体验项目，实现笛莎在女童教育、文化、娱乐、旅游等领域的发展，并带动一批相关互联网企业展开合作共赢。

综上所述，江苏省纺织服装企业在智能化改造和数字化转型的生动实践探索，为推进全行业转型发展提供了重要的宝贵经验：第一，智能制造技术、数字化技术以及新材料技术协同配合是服装纺织企业成功转型的基础。江苏省虽是纺织服装业大省，但数据显示，按照智能制造能力成熟度水平划分，省内 93% 家纺企业评估处于一级及以下，3% 处于二级，2% 处于三级，2% 处于四级及以上，江苏省纺织服装企业在智能化纺织技术与装备的普及上仍需加快推进。第二，柔性生产构建服装纺织企业定制化核心竞争力。美国最新预测的“改变未来的十大科技”中，“个性定制”被排在首位。对于纺织服装而言，“个性定制”往往有两种模式：一是传统服装行业依靠裁缝手工完成的量体裁衣模式；二是为少数需求者提供的超出一般标准的、设计与制作更精良甚至奢侈的高级定制模式。无论哪种模式，都对人工有着很强的依赖性且耗时长。高级定制更因其成本高昂，成为只有少数人才能享受到的服务，但智能制造及数字技术的运用与普及，使得柔性化生产成为可能，纺织服装企业小单快反、个性定制能力得到加强。第三，数字化新零售营销倍增纺织服装企业经营效益。江苏省服装纺织企业应充分利用数字化的媒体、数字营销工具，通过对人群画像进行大数据分析来确定用户潜在属性及行为特征，并精准锁定用户，提高销量，主要目的是建立以用户运营为中心的新营销体系，运用新的在线化工具，帮助纺织服装企业实现对用户的直接链接，在链接的基础上，实现直接面对用户运营，这将会带来营销效率的革命性变革。

第四部分　先进地区纺织行业智改数转的经验做法与启示

浙江、广东、山东、福建等地区是中国纺织业较为集中的地区，在产业配套基础、对外贸易等方面具备优势，近年来不断推进行业内的智改数转，积累了一定的经验，形成许多成功的转型案例。本部分结合相关数据资料与调研材料，选取浙江、广东、山东、福建等典型地区作为研究样本，总结它们在纺织业智改数转过程中的发展路径与先进做法，借鉴其具有创新性、针对性和可操作性的优秀经验，为江苏省推动纺织业智改数转提供有效的借鉴和启示。

一　浙江：完善平台建设，优化纺织集群产业布局

早在 2018 年，浙江在《浙江省人民政府办公厅关于推动工业企业智能化技术改造的意见》中将纺织、化学纤维、服装服饰等作为应聚焦的重点行业，为亟须转型的企业提供有关智能化改造的技术诊断与咨询服务。2021 年，《浙江省现代纺织服装产业集群“十四五”规划》明确七大重点任务在于数字引领、消费引领、创新驱

动、三品建设、绿色使能、开放合作、集群发展的强化，形成很多先进做法。

（一）试点示范，加快纺织工业互联网平台建设

深化纺织、服装、化纤传统产业改造提升分行业省级试点建设，支持兰溪创建全国纺织行业智能制造示范市。加强建立纺织行业的基础数据库，推进公共云应用信息服务平台的建设与共享。创新应用工业互联网平台，探索消费互联网、工业互联网与金融服务相融合的新型制造模式。

（二）推进“数字+”平台型企业引进培育工程

加大对涉及纺织行业的电子商务类、营销服务类、物流服务类平台型企业支持力度，推动纺织行业商业模式革新；支持有条件的纺织产业链龙头企业向平台化转型；加大招商选资力度，加强与省外平台型企业对接力度，引进一批以纺织服装为主营业务的垂直电商平台、快时尚电商平台企业、跨境电商平台企业，推进纺织行业业态创新。

（三）推进纺织服装产业重点集群优化布局工程

联合浙江省纺织类研究院的力量，建设先进制造业集群促进机构，打造国家先进制造业集群。聚焦特色领域，着力构建化纤产品差别化、功能化、绿色化纤维产业集群，高端化、功能化、特色化纺织产业集群，节能减排、绿色环保印染产业集群以及时尚家纺服装产业集群。

二　广东：供应链智能化，实施数字化赋能与创新工程

《广东省制造业数字化转型实施方案（2021—2025年）》强调数字化转型及赋能重点方向应聚焦于战略性支柱产业集群，在现代轻工纺织产业集群上，强调面向产业园与产业集聚区，在涉及推动机加工、装配、包装等多个环节的设备上云与人机协同方面加快进

程。《广东省发展现代轻工纺织战略性支柱产业集群行动计划（2021—2025 年）》的发布，明确重点任务在于数字化赋能的提速、供给结构的改善、品牌质量的提升、开放合作水平的扩大，形成许多先进做法。

（一）智能化、集约化发展制造供应链

采取人工智能、物联网等手段，推进供应链的信息共享、协同合作，应用感知技术发展智慧物流，有效融合制造与物流，推进“商流、物流、资金流、信息流”四流合一，有效提升企业制造敏捷度。支持供应链信息化的协同平台与综合服务平台建设，促进生产端资源配置的优化，质量管理、设计研发、金融与追溯服务等能力的拓展，服务的一体化建设。

（二）实施集群、企业数字化赋能工程

集群数字化上，推进试点服装集群协作，生产采取线上定制、多订单小批量规模化的方式。加强集群数字化服务载体建设，鼓励平台、专家、服务商及金融等多方人员参与建设，提升集群公共服务水平，为中小微企业的转型升级提供“微服务”。企业数字化上，对皮革企业鼓励生产设备的智能化改造，对服装、家纺等企业，鼓励工业大数据及人工智能的使用，推进柔性化改造、个性化定制生产的实现，对鞋履、服装企业，鼓励虚拟仿真、三维测量、3D 可视化等技术的应用，形成鞋履的脚型、人体与服装的号型标准等大数据。

（三）实施技术、管理、制度创新提升工程

技术创新上，创建相关公共实验室，对纺织服装方面涉及创意设计的创新要素聚集，如相关特色小镇、园区等予以支持，高水平建设鞋履产业智能化创新中心。企业管理创新上，大力推进共享制造平台、工厂的建设，促进惠及制造、服务等多个方面的资源共享，鼓励纺织服装与工艺美术的跨界融合。推动家纺、皮革等行业提升网络新零售、众包设计等服务型制造水平。制度创新上，建立重点领域的技术专利导航、细分领域的专利数据库，对关键技术发明专利审查优先，对企业专利海外布局和工业品、商标外观设计国际注册予以支持。

三 山东：聚力产业基地建设，加速绿色转型与品牌塑造

2021 年，山东省工信厅会同省 11 个部门起草《关于加快纺织服装产业高质量发展的意见》，聚焦产业新生态的营造，产业集群化、品牌化、高端化的推进等多个方面，提出相关举措意见。同年，《山东省纺织服装产业 2021—2023 年行动方案》正式出台，强调遵循“紧盯前沿、沿链谋划，龙头牵引、培育壮大，打造生态、集群发展”的发展路径。2022 年，山东省政府印发《现代轻工纺织产业 2022 年行动计划》，对山东省现代轻工纺织产业的发展基础及面临形势进行综合研判，突出落实六项重点任务。多项文件的发布都为山东纺织业的战略行动进行部署，形成许多先进做法。

（一）围绕产业基地建设，增强产业链配套协作能力

针对各市的产业基础及优势，以重点企业为依托，精准招商引商，深度促进产业链配套合作，着重建设六个知名产业基地，包括研发创意、展会赛事、品牌运营基地，新型纤维材料基地，智能绿色印染基地等。依托各市的实际研发、品牌、技术、设计优势，因地制宜鼓励组团合作，协同打造龙头引领、链条延伸、配套完善的特色产业基地。

（二）实施智能制造工程，加快绿色节能化转型进程

在智能制造工程上，推动新兴信息技术的深度应用，扩大数字化车间、智造场景、智造工厂增量，实现科技赋能生产，力争为现代轻工纺织产业培育一批绿色设计产品与绿色工厂。推进绿色生产

技术的改造，淘汰落后工艺与产能，落实各项环保要求。加紧落实水效“领跑者”行动，以水定产，加大节水型企业的支持力度。尤其在印染行业，引导、支持企业落实工信部的相关规范公告要求，提升全省印染业节能减排及清洁生产的水平。

（三）实施“三品”战略，推动“产供销”数字蝶变

推行数字“三品”行动，办好重要时尚赛事，如“省长杯”工业设计大赛纺织服装分赛等，培育高端品牌企业，提升行业公共品牌的影响力；支持企业参与国际影响力强的行业展会、论坛、赛事，紧抓“一带一路”、RCEP 机遇，拓展海外新兴市场；鼓励企业采取大数据技术，对消费者的个性需求进行分析与挖掘，促进基于数字决策的智慧产供销模式发展；借助“流量券”的补贴形式引导、鼓励企业参加“山东制造网行天下·拓展年”行动，从而依托专业平台开展“云采销”。

四 福建：产业协同创新，加大政策引导与资金支持

2021 年，《福建省“十四五”制造业高质量发展专项规划》明确其发展重点之一为提升发展能级，强调现代纺织服装为主导产业之一，应当着力做大做强。在现代纺织服装的建设上，以产品高端化、产线智能化、产业集聚化为重点，突出高附加值发展，围绕化纤、染整、棉纺织、鞋业等重点领域，完善高端纺织品供给应用。2022 年，福建省工信厅在《关于加速江苏省现代纺织服装业智能化发展的建议》的回复中，明确了下一步的工作重点，形成许多先进做法。

（一）政策引导企业“上云上平台”

协调省发改委等部门融入纺织鞋服产业智能化转型于“数字福建”建设中。推广长乐区纺织企业工业互联网平台建设经验，对中小型企业设备的“上云上平台”进行引导，鼓励中小型企业通过引

进 MES、智能 AGV 等数字化模块，提高经营管理水平。举办产业数字化智能化转型交流会，提供智能制造免费诊断服务，培育行业工业互联网平台，引导“辅布司”、青创城等平台加快建设，延伸服务链，完善功能，扩大平台规模。

（二）推动建立产业协同创新联合体

推广产学研用协同创新，鼓励行业中的重点企业发挥牵引作用，联合上下游企业、高校院所及技术服务机构，组建体系化、任务型的创新联合体，促成上下游集智攻关。发挥中纺院海西分院等平台作用，借助省服装行业技术开发基地项目成果对接会活动，推动技术成果落地转化。加速晋江省级高端绿色鞋服产业创新中心的建设，支持企业根据重点产业的发展现状，于省（境）外建设研发中心等“创新飞地”。

（三）加大财政资金的投入支持力度

将新兴信息技术与纺织业融合发展的项目列入省级工业和信息化专项资金支持范围，对省级工业互联网示范平台及业内标杆企业分别给予最高 200 万元、50 万元的奖励。支持企业机器换工、设备更新、生产换线等，省级财政按项目设备（含技术、软件等）投资额不超过 5% 的比例给予补助，对符合条件的贷款给予年化 2% 贴息支持。

五　相关启示

充分借鉴其他地区纺织业智能化改造数字化转型的成功经验，对江苏省纺织业的转型升级与高质量发展具有启示作用，具体有以下几点。

（一）完善顶层设计，多方位扶持纺织产业

一是优化产业布局，打造纺织业重点集群。联合江苏省内纺织领域的相关研究院，聚力建设先进纺织业集群促进机构，打造国家先进制造业集群。明确纺织业空间布局特征与土地利用效率，优化产业布局，探索建立以差异化、数字化、智能化为主要特色的纺织产业集聚发展区域，如浙江省实施纺织服装产业重点集群优化布局工程，分别打造化纤、织造、印染、家纺服装等产业集群，浙江省兰溪市通过设立纺织产业重点发展区，破解产业空间布局难题，提升土地利用效率。

二是专项资金支持，加大财政助企力度。完善纺织行业财政专项资金项目的遴选标准，合理扩大行业内专项资金的支持范围，加大对纺织业科技创新、数智化转型的财政支持力度，如福建省将纺织业与新兴信息技术融合发展的项目列入省级工业和信息化专项资金支持范围，对省级工业互联网示范平台及业内标杆企业给予奖励，以补助及贷款贴息支持的形式支持企业机器换工、设备更新、生产换线等。

三是设置专班对接，畅通政企沟通渠道。推动各市成立纺织产业链专班，包括转型服务专班、促进招商专班等，动态掌握行业发展现状及转型需求。为龙头或潜力企业和项目，调派处级以上干部与之挂钩对接，工作内容包括对企业联系沟通、实地走访、回访问效等，如山东省滨州市由工信局牵头，组建全市高效生态纺织产业专班，促进纺织产业发展规划实施细则的制定，通过赴外地开展调研及招商活动，积累转型经验。福建省福州市长乐区推行“一对一”结对挂钩企业机制，安排“首席勤务员”与龙头或潜力企业、项目挂钩对接，施行“311”工作制度，对企业的问题与诉求实时掌握，高效应对。

（二）加固技术支撑，全链条推进产业创新

一是筑牢平台底座，深化工业互联网赋能。一方面，深度推进公共平台建设。加快纺织工业互联网平台建设进程，推进云应用公共信息服务平台建设与共享，支持综合质量管理、设计研发、金融与追溯服务等能力的一体化供应链协同平台建设。另一方面，加大平台型企业引进与培育。加大涉及纺织业电子商务、营销宣传、物流追踪等方面的平台型企业引进与培育。招商选资时，针对性地引进一批省外面向纺织服装产业的垂直电商平台，激发业态创新。如广东省在供应链数字化赋能工程中支持建立供应链信息化协同信息化平台及综合服务平台，浙江省重点落实“数字+”平台型企业引进培育工程。

二是全流程数智化，助力产供销转型升级。鼓励企业通过大数据技术挖掘消费者需求，推行基于数字决策的智慧产供销模式；借助人工智能、物联网、感知技术等手段，推进供应链信息共享及智慧物流建设；鼓励企业依托专业平台进行“云采销”，如借鉴山东省的产业链供应链优化升级行动，江苏省可以颁发“流量券”补贴企业“云采销”，从而实现采购渠道与国内外市场的拓展。

三是凝聚攻坚合力，打造创新强劲引擎。一方面，政产学研协同创新。产业链上下游企业会同高校院所、技术服务机构等构建创新联合体，加快纺织相关产业的创新基地、创新中心等建设，集智攻关克难。借鉴福建省经验，江苏省应推进省级纺织行业创新中心建设，支持企业于省（境）外建设研发中心等“创新飞地”。另一方面，打破数据壁垒、信息孤岛现象，规范化打通企业生产过程中的协同数据。基于浙江省兰溪市的转型经验，江苏省应重视纺织企业中基础数据、应用数据、管理数据和协同数据的打通。

（三）瞄准高端品质，促变革加速绿色转型

一是加大宣传推广，强化区域品牌塑造。推进纺织服装行业增品种、提品质、创品牌“三品”战略，加大对本省品牌企业、纺织服装优势产品的服务推广力度，促进“江苏纺织”整体品牌影响力与市场占有率的提升。鼓励推动纺织服装企业变革品牌运营模式，提升品牌营销能力，利用网络购物平台、直播带货平台、客户微信群等，建立贯穿国际国内、线上线下的营销体系，如借鉴山东省深度推进“三品”战略的做法，江苏省应鼓励品牌与网络新媒体、新平台、新零售的结合，推广此类渠道传播形式，促进品牌推广体系的线上线下全面拓展。

二是变革生产技术，提升绿色节能水平。鼓励企业通过智能制造赋能生产，推动落后工艺与产能的淘汰，改造绿色生产技术，加大绿色工厂与绿色设计产品的培育。重点关注印染行业，加大对节水型企业的支持，促进产业规模化集聚发展，提升全省印染业节能减排及清洁生产水平。借鉴山东省水效“领跑者”行动及浙江省绿色集群建设经验，江苏省应加大节水型企业的支持力度，重点建设纺织类绿色智能项目，着力构建绿色化纤维产业集群，节能减排、绿色环保印染产业集群。

三是融合时尚特色，拓宽工艺现代内涵。鼓励纺织企业对接国际时尚前沿，参与国际服装服饰博览会、产业论坛、设计大赛等，在工艺完善、品牌建设中融入文化创意、现代科技、时尚潮流、生活方式等元素。实施优势时尚创意项目，办好地区纺织服装类重大活动、赛事，推动建立江苏省时尚产业联盟，积极创建、培育国家级纺织服装创意设计试点示范园区。

第五部分　推动江苏纺织业智改数转发展的相关政策建议

纺织服装产业一直是江苏省重要支柱产业、民生产业和传统优势产业，在稳增长、促就业、保民生中发挥着重要作用。面对复杂多变的国内外经济形势，全省纺织服装行业企业要践行新发展理念，推动“智改数转”新一轮发展契机，不断提质增效推动高质量发展。综合问卷调查、案例分析以及邻省成功经验，提出以下推动江苏省纺织服装产业“智改数转”发展的施策关键与重点。

一 智能化改造：“三个一批”工程加快推动江苏省纺织服装产业智能化制造进程

先进纺织装备及技术的普及是纺织服装产业开展智能化制造的基础，同样也是新一代信息技术与纺织服装技术融合的重要载体。智能化生产设备及工艺技术的产业化应用，更是不断提高江苏省纺织服装业生产效率和产品质量的关键。根据2022年江苏省出台的《关于进一步推动全省纺织服装产业高质量发展的若干政策措施》文件要求，明确了“到2025年底，全省将培育200家省级智能制造示范车间、20家省级智能制造示范工厂和15家省级工业互联网标杆工厂”的纺织服装智能化改造目标，并将实施纺织服装业智能化改造作为推进传统产业加快新旧动能转换并向高质量发展的重要途径，为此建议如下。

（一）培育一批纺织服装智能化先进企业

根据江苏省纺织服装企业发展特点，制定产业个性化智能化改造路径，加快培育一批“总部型、平台型、创新型”纺织服装企业，构建江苏省纺织服装企业智能化培育新体系。首先，在政策上重点支持总部企业对拉动作用强、投资额度大、技术水平高的智能化成套装备、大型生产线设备的更新换代，充分发挥总部龙头企业在行业中的引领示范作用；其次，加强对江苏省成长性好的纺织服装企业在申报省级、国家级技术（工程）中心的指导工作，新增培育1—2个平台型纺织服装企业，带动全省中小纺织服装企业转型、促进产业集群协同共生发展；最后，孵化一批在服装设计、市场营销、品牌推广、运营管理等方面创新能力强的智能化初创纺织服装企业，持续为产业发展提供新鲜血液。

（二）开发一批纺织装备新技术新产品

一是推进纺织服装新技术新产品研发。围绕江苏省纺织服装产业特色，进一步提升金属针布、金属槽筒等关键制造技术工艺，加快发展圆纬针织机、多轴向经编机、数码喷墨印花机、高速梳理机、自动转杯纺设备、高端棉纺及智能印染成套装备等，广泛向江苏省纺织服装前沿企业征集一批新技术新产品研发项目，全力开展核心攻关。二是推进重大短板装备及核心功能部件研发。组织江苏省纺织服装产业链龙头企业、纺织类“双一流学科”高校科研院所、装备制造企业组成创新联合体，针对目前国产纺织服装智能设备自动化、信息化以及整机可靠性不足等问题进行联合攻关、实验验证、工程应用，全力突破细纱断头、自动接头等专业设备运行的技术短板。三是推进江苏省纺织服装智能装备的国产化替代。针对目前江苏省纺织服装企业高端装备多为进口，产业智能设备的国产化率不够高的现实，需筛选出江苏省具有代表性的纺织装备行业骨干企业，列入全省高端装备领军（培育）企业库进行重点培育，打破诸如德国多尼尔、瑞士立达、意大利萨维奥、日本村田等知名外企的“卡脖子”技术垄断，切实提升纺织服装产业集群智能化转型发展的硬件支撑能力。

（三）实施一批纺织服装装备创新载体建设

一方面，完善江苏省纺织服装公共服务平台建设。要充分依托江苏省纺织服装产业骨干企业多和地域特色明显的优势，在纱线染整、纺织设备等重点领域培育创建一批细分行业的技术公共服务平台，通过汇聚各类纺织服装智能化改造各类服务资源，为企业转型发展提供诊断咨询、供需对接、标准宣贯、解决方案应用推广等公共服务，解决纺织服装企业在智能化改造过程中遇到的实际问题。另一方面，加强江苏省纺织服装企业创新中心建设。加快建设一批面向纺织服装产业基础应用研究、共性关键技术的纺织服装创新中心、技术中心、研究中心以及博士后科研工作站等创新组织，支持有条件的省级创新中心创建国家级制造业创新中心，逐步形成江苏省整体布局完善的纺织服装产业科技创新平台体系，为智能化改造持续提供智力支持。

二　数字化转型：强化江苏省纺织服装企业“路径、资金、技术、人才”的全方位转型路径选择和要素支撑

纺织服装的数字化转型是企业发展的内在需要和根本方向。但从江苏省企业目前实践探索的情况看，数字化转型实施过程中面临许多问题，如无样板参考借鉴、技术不成熟难整合、资产投资费用大、后期运维成本高等，亟须在转型路径选择、财税资金帮扶、技术服务支撑、专业人才培养等领域进行精准施策。

（一）进一步优化江苏省纺织服装企业数字化转型路径选择

以数据要素与纺织服装产业发展的结合度为关键，分类梳理纺织服装细分产业，制定差异化的数字化转型实施路径，更加符合客观规律、准确把握方向、快速推进。上游原料供给领域，要更加注重生产流程数字化转型，化纤行业要重点开发推广产品智能外观检测、自动包装、自动络筒、全流程质量追溯等流程解决方案；丝绸行业要重点培育智慧蚕桑管控、机器选茧、数字化煮茧、自动化缫丝等数字工艺。棉毛纺织业要重点优化纺纱在线质量监控、智能配棉、纱线质量预测等实时功能。中游成衣制造领域，要紧跟消费者需求变化，重点放在服装三维设计、智能裁剪、柔性化生产、个性化定制等领域，着力打造“南通家纺”“常熟服装”“虎丘婚纱”“吴江丝绸”等具有一定国际竞争力的区域纺织服装品牌，进一步提升丝绸等江苏特色的纺织服装品牌发展水平。下游销售流通领域，鼓励支持江苏省纺织服装企业广泛应用社交电商、直播电商、内容电商，拓展线上营销渠道，支持纺织服装企业参加“苏新消

费”四季主题系列促进活动，服务指导常熟服装城、东方丝绸市场、南通国际家纺园区等大型纺织服装类专业市场数字化转型升级，发展按需生产、个性化定制、柔性化生产、用户直连制造。

（二）进一步提高江苏省纺织服装企业数字化转型财税资金支持

江苏省纺织服装业企业在数字化转型的资金投入上普遍面临较大压力，在引导社会资本、金融资本进入纺织服装领域的同时，必须强化财政税收支持。一是设立专项纺织服装企业数字化转型发展基金，给处于进行数字化转型初期的企业给予一定投入的补助和创新要素购置补助。二是对积极转型的中小纺织服装企业，通过政府集中采购、产品价格补贴、政府宣传推广、第三方转型绩效评估与奖励等手段，降低其由于数字化转型不同步带来的摩擦成本，提高转型投入积极性。三是在对于搭建数字化转型公共服务平台或数据交易流转平台的纺织服装数字化服务商实施一定财政补贴的基础上，辅之软件研发税额即征即退优惠政策与软件设计加计扣除政策，进一步降低转型负担。四是试点纺织服装数字化转型专项税收政策，在数字技术成果转化与产品创新、市场拓展方面提供税收优惠，通过降低税费和缩小税基来提升纺织服装企业数字化转型积极性。

（三）进一步强化江苏省纺织服装企业数字化转型技术及服务支撑

纺织服装企业利润率普遍偏低，而数字化转型运用新技术的成本较高，多数企业都有“想用却用不起”的困境，必须强化纺织服装业数字化转型的技术支持。一方面要降低新技术运用成本。以包容性政策鼓励科学技术企业打造数字技术及应用工具平台，鼓励数字化工具、软件的开源、汇聚与集成，辅以政府采购、产品价格补贴等手段，用江苏省纺织服装产业较大规模的场景应用摊销数字化转型工具的创新研发成本，特别是重点降低中小纺织服装企业运用转型工具、软件的使用成本。另一方面推动新技术的深度运用。针对纺纱、织造、印染等前端领域，推动工业互联网、大数据、云计算、人工智能、区块链、5G 等新一代信息技术在纺织服装工艺流程中的深度应用，实现“技术底座 + 智慧中台 + 业务应用”的有机结合，实现纺织服装生产过程智能化、控制系统智慧化、在线监测信息化、制造过程绿色化。在服装、家纺等终端领域，重点提升数字技术、信息技术在创意设计、供应链管理、销售链管理、新零售模式创新等方面融合应用。

（四）进一步保障江苏省纺织服装企业数字化转型专业人才供给

人才问题是影响江苏省纺织服装企业数字化转型中面临的关键痛点之一，针对江苏省纺织服装企业数字化转型进程中不同层面的人才需求，建议充分发挥高等院校和各级各类职业院校、企业、平台等各方主体积累优势，立足江苏省产业生态需求多维度完善数字转型人才的培养体系。数字化领导人才培养上，遴选重点省内优秀纺织服装企业家，加强数字化转型领军人才带动人才梯队建设，由相关部门委托专业院校开设“纺织服装企业数字化转型领军人才”专题培训班，联合一批数字化转型创新创业特色载体空间、转型标杆企业、业态创新企业作为实践教学基地，针对企业高管层进行专题培训，并保持后续动态辅导。数字化技术人才培育上，创新数字化转型技术人才的订单式培养模式，鼓励江南大学、常州纺织服装职业学校等高等院校、职业院校开设数字化转型相关专业，或在原有的纺织服饰类专业框架下开设数字化转型的相关课程，通过校企共建产学研协同创新平台和人才培养基地等手段，开展“订单式教育”，为企业的数字化转型提供经过系统化培养的定制型科班人才。在数字化业务人才培训上，制造业企业自身要激励内部人才队伍数字素养与数字技能的提升，同时可以在现行的8%职工教育经费税前扣除政策之外，通过财政补贴或税收优惠引导企业加大对现有人才队伍数字素养与数字技能的在职培训，比如对企业自建数字化转型培训基地或第三方机构提供数字化转型培训服务进行税收减免激励。

附录 B

江苏省企业创新发展和数字化转型问卷

一　企业基本信息

企业名称：[填空题]

联系方式：[填空题]

1. 贵企业所在城市　[单选题]

选项	小计	比例（%）
（1）南京	132	7.21
（2）无锡	123	6.72
（3）苏州	190	10.38
（4）常州	336	18.36
（5）南通	155	8.47
（6）扬州	194	10.6
（7）镇江	35	1.91

续表

选项	小计	比例（%）
（8）徐州	101	5.52
（9）泰州	133	7.27
（10）淮安	168	9.18
（11）连云港	62	3.39
（12）宿迁	105	5.74
（13）盐城	96	5.25
本题有效填写人次	1830	

2. 贵企业成立的时间　[单选题]

选项	小计	比例（%）
（1）1 年以内	42	2.3
（2）2 - 5 年	325	17.76
（3）6 - 9 年	355	19.4
（4）10 年以上	1108	60.55
本题有效填写人次	1830	

3. 贵企业的所有制性质是　[单选题]

选项	小计	比例（%）
（1）国有企业	253	13.83
（2）民营企业	1347	73.61
（3）外商独资企业	129	7.05
（4）中外合资/合作企业	86	4.7
（5）集体企业	15	0.82
本题有效填写人次	1830	

4. 贵企业主营业务涉及细分行业 ［多选题］

选项	小计	比例（%）
(1) 农、林、牧、渔业	87	4.75
(2) 采矿业	7	0.38
(3) 制造业	1370	74.86
(4) 电力、热力、燃气及水生产和供应业	67	3.66
(5) 建筑业	129	7.05
(6) 服务业	288	15.74
本题有效填写人次	1830	

(1) 制造业细分行业 ［单选题］

选项	小计	比例（%）
农副食品加工业	10	0.73
食品制造业	15	1.09
酒、饮料和精制茶制造业	2	0.15
烟草制品业	0	0
纺织业	96	7.01
纺织服装、服饰业	42	3.07
皮革、毛皮、羽毛及其制品和制鞋业	10	0.73
木材加工和木、竹、藤、棕、草制品业	25	1.82
家具制造业造纸和纸制品业	13	0.95
印刷和记录媒介复制业	14	1.02
文教、工美、体育和娱乐用品制造业	13	0.95
石油、煤炭及其他燃料加工业	11	0.8
医药制造业	53	3.87

续表

选项	小计	比例（%）
化学纤维制造业	29	2.12
橡胶和塑料制品业	80	5.84
非金属矿物制品业	44	3.21
黑色金属冶炼和压延加工业	27	1.97
有色金属冶炼和压延加工业	21	1.53
金属制品业	86	6.28
通用设备制造业	137	10
专用设备制造业	135	9.85
汽车制造业	82	5.99
铁路、船舶、航空航天和其他运输设备制造业	9	0.66
电气机械和器材制造业	64	4.67
计算机、通信和其他电子设备制造业	93	6.79
仪器仪表制造业	37	2.7
废弃资源综合利用业	4	0.29
金属制品、机械和设备修理业	8	0.58
其他制造业	210	15.33
本题有效填写人次	1370	

（2）服务业细分行业 ［单选题］

选项	小计	比例（%）
批发和零售业	51	17.71
交通运输	18	6.25
仓储和邮政业	8	2.78
住宿和餐饮业	1	0.35

续表

选项	小计	比例（%）
信息传输	2	0.69
软件和信息技术服务业	68	23.61
金融业	17	5.9
房地产业	7	2.43
租赁和商务服务业	53	18.4
科学研究和技术服务业	19	6.6
居民服务	8	2.78
修理和其他服务业	7	2.43
教育	2	0.69
卫生和社会工作	6	2.08
文化	11	3.82
体育和娱乐业	2	0.69
公共管理	5	1.74
社会保障和社会组织	3	1.04
本题有效填写人次	288	

5. 贵企业的人数规模为 ［单选题］

选项	小计	比例（%）
（1）1－50 人	604	33.01
（2）50－100 人	356	19.45
（3）100－200 人	312	17.05
（4）200－500 人	315	17.21
（5）500 人以上	243	13.28
本题有效填写人次	1830	

6. 贵企业的近三年主营业务营收规模平均是（单位：万元）［单选题］

选项	小计	比例（%）
（1）100 及以下	132	7.21
（2）100—1000	191	10.44
（3）1000—3000	345	18.85
（4）3000—6000	259	14.15
（5）6000—10000	202	11.04
（6）10000 以上	701	38.31
本题有效填写人次	1830	

7. 贵企业近三年研发经费投入占主营业务收入平均为　［单选题］

选项	小计	比例（%）
（1）1% 及以下	516	28.2
（2）1—3%	199	10.87
（3）3—5%	581	31.75
（4）5—10%	377	20.6
（5）10% 以上	157	8.58
本题有效填写人次	1830	

二　企业创新发展

1. 2020 年主营业务收入________（万元），其中新产品销售收入________（万元），研发投入总额________（万元）。［填空题］

2. 截至 2020 年年底，企业职工总数________（人），其中从事研发活动的人数________（人）。［填空题］

3. 贵企业是否为国家高新技术企业？ ［单选题］

选项	小计	比例（%）
是	882	48.2
否	948	51.8
本题有效填写人次	1830	

4. 贵企业设立研发机构情况 ［单选题］

选项	小计	比例（%）
（1）设立国家级企业技术中心	27	1.48
（2）设立省级企业技术中心	304	16.61
（3）设立市级企业技术中心	301	16.45
（4）未申请认定	496	27.1
（5）其他	90	4.92
（6）未设立研发机构	612	33.44
本题有效填写人次	1830	

5. 贵企业研发机构的组织形式 ［单选题］

选项	小计	比例（%）
（1）企业独自组建	1188	64.92
（2）与高校、科研机构合作组建	340	18.58
（3）与国外机构合作组建	16	0.87
（4）其他	286	15.63
本题有效填写人次	1830	

6. 您认为与科研机构、大学合作对企业自主创新作用 ［单选题］

选项	小计	比例（%）
（1）非常大	550	30.05
（2）比较大	808	44.15
（3）一般	352	19.23
（4）不太大	57	3.11
（5）基本没有作用	63	3.44
本题有效填写人次	1830	

7. 贵企业主要的外部技术来源　[单选题]

选项	小计	比例（%）
（1）国内其他企业	900	49.18
（2）国内独立科研机构	270	14.75
（3）国内大学	479	26.17
（4）国外企业或机构	181	9.89
本题有效填写人次	1830	

8. 贵企业核心技术的主要获得方式　[多选题]

选项	小计	比例（%）
（1）简单模仿	162	8.85
（2）模仿的基础上创新	541	29.56
（3）自己独立开发	1242	67.87
（4）合作开发	918	50.16
（5）委托开发	346	18.91
（6）购买现成技术成果	163	8.91

续表

选项	小计	比例（%）
（7）股东技术入股	87	4.75
本题有效填写人次	1830	

9. 贵企业享受创新政策优惠情况 ［多选题］

选项	小计	比例（%）
（1）获得研发投入加计扣除税收优惠	1015	55.46
（2）获得企业所得税减免优惠	944	51.58
（3）获得政府专项资金支持或财政补贴	1013	55.36
（4）其他	336	18.36
本题有效填写人次	1830	

10. 在您看来不利于企业自主创新的主要内部因素有哪些？［多选题］

选项	小计	比例（%）
（1）缺乏高级技术人才	1331	72.73
（2）企业资金不足	651	35.57
（3）缺乏技术研发的装备和条件	545	29.78
（4）创新成本过高，成本过大	946	51.69
（5）难以获得有效的市场信息	327	17.87
（6）内部激励制度不完善	225	12.3
（7）自主研发能力较弱，缺乏不断创新的基础	529	28.91
（8）其他	50	2.73
本题有效填写人次	1830	

11. 在您看来不利于企业自主创新的主要外部因素有哪些？［多选题］

选项	小计	比例（%）
（1）国家和省相关政策落实不到位	238	13.01
（2）地方政府缺乏创新政策扶持	433	23.66
（3）技术成果产业化发展困难	962	52.57
（4）技术市场不健全、缺乏公平的竞争环境	667	36.45
（5）缺少技术创新服务平台	878	47.98
（6）知识产权的保护力度不够	353	19.29
（7）其他	88	4.81
本题有效填写人次	1830	

12. 您认为政府在提高企业自主创新能力上应该发挥哪些作用？　［多选题］

选项	小计	比例（%）
（1）帮助搭建科技合作平台	1204	65.79
（2）完善促进企业技术创新的金融服务体系	917	50.11
（3）建立完善的多层次中介服务体系（如信息咨询、人才培训、技术指导、贷款担保等）	1030	56.28
（4）加大“放管服”改革，提高办事效率	698	38.14
（5）出台向中小微企业倾斜的创新扶持政策	905	49.45
（6）保护知识产权，创造公平竞争的市场环境	659	36.01

续表

选项	小计	比例（%）
（7）其他	40	2.19
本题有效填写人次	1830	

13. 贵企业对“十四五”期间江苏财政、税收、金融等政策支持本行业、本企业创新发展有哪些具体建议？ ［填空题］

三 企业数字化转型

1. 贵企业数字化转型的意愿和推进情况 ［单选题］

选项	小计	比例（%）
（1）完全不了解数字化转型	240	13.11
（2）略微了解数字化转型并有转型意愿，但暂未实施	872	47.65
（3）开始在部分业务上进行数字化转型，并取得成效	534	29.18
（4）各项业务数字化转型程度较高，已基本完成数字化转型	98	5.36
（5）数字化创新已成为企业常态	86	4.7
本题有效填写人次	1830	

2. 贵企业具体在哪些方面开展数字化转型？ ［多选题］

选项	小计	比例（%）
（1）直接引入智能生产线	274	38.16

续表

选项	小计	比例（%）
（2）使用智能购进、仓储、物流管理系统，使用软件改造生产	440	61.28
（3）对检测、装配等生产车间进行智能化改造	355	49.44
（4）使用物联网等技术实现远程管理	269	37.47
（5）其他	63	8.77
本题有效填写人次	718	

3. 贵企业开展数字化转型的驱动因素是什么？ ［多选题］

选项	小计	比例（%）
（1）大幅降低成本	819	44.75
（2）有效增加营业收入	508	27.76
（3）提高生产、服务效率	1342	73.33
（4）增加市场竞争力	736	40.22
（5）提高客户满意度和忠诚度	343	18.74
（6）满足市场需求	293	16.01
（7）拓展企业的业务边界	155	8.47
（8）提升行业影响力	188	10.27
（9）其他（必填）	58	3.17
本题有效填写人次	1830	

4. 贵企业数字技术应用情况 ［多选题］

选项	小计	比例（%）
（1）没有应用任何数字技术	365	19.95

续表

选项	小计	比例（%）
（2）大数据	511	27.92
（3）云计算	231	12.62
（4）5G	96	5.25
（5）人工智能	233	12.73
（6）物联网	287	15.68
（7）区块链	51	2.79
（8）3D 打印	49	2.68
（9）电子商务	400	21.86
（10）软件技术	611	33.39
（11）工业互联网	371	20.27
（12）其他（必填）	54	2.95
本题有效填写人次	1830	

5. 贵企业已开展“上云”的业务有哪些？［多选题］

选项	小计	比例（%）
（1）原材料采购	737	40.27
（2）产品运营维护	661	36.12
（3）物流	468	25.57
（4）协同设计	265	14.48
（5）其他（必填）	440	24.04
本题有效填写人次	1830	

6. 贵企业所在行业是否有共性技术研发平台？　［单选题］

选项	小计	比例（%）
（1）有	400	21.86
（2）无	1430	78.14
本题有效填写人次	1830	

7. 贵企业对本行业共性技术研发平台服务能力的评价　［单选题］

选项	小计	比例（%）
（1）非常满意	212	11.58
（2）比较满意	563	30.77
（3）一般	977	53.39
（4）不太满意	62	3.39
（5）很不满意	16	0.87
本题有效填写人次	1830	

8. 贵企业已建立或后期拟建立本企业内部数字服务平台或设施的渠道　［多选题］

选项	小计	比例（%）
（1）自行研发或自主搭建	834	45.57
（2）外包给数字化解决方案提供商	713	38.96
（3）与互联网巨头平台企业合作	365	19.95
（4）与高校或科研院所合作	486	26.56
（5）与产业链、供应链上的生态合作者共建	507	27.7

续表

选项	小计	比例（%）
（6）其他（必填）	140	7.65
本题有效填写人次	1830	

9. 在数字化转型过程中，贵企业认为面临的突出问题有哪些？［多选题］

选项	小计	比例（%）
（1）数字化转型缺少顶层设计和战略规划	701	38.31
（2）企业组织架构和职能设置无法有效推进相关工作	427	23.33
（2）数字化转型成本太高，例如前期改造成本太高	856	46.78
（3）缺少数字化相关人才	909	49.67
（4）数字化转型资金限制、融资难	261	14.26
（5）找不准业务场景与数字技术应用的结合点	195	10.66
（6）数据融合能力差	123	6.72
（7）产业链上下游企业数字化程度不协调	295	16.12
（8）其他（必填）	64	3.5
本题有效填写人次	1830	

10. 贵企业推进数字化转型的手段有哪些？［多选题］

选项	小计	比例（%）
（1）从最高管理层自上而下的实施	1009	55.14

续表

选项	小计	比例（%）
（2）各团队自下而上的提出需求	638	34.86
（3）多部门通力合作	1087	59.4
（4）个别部门试点	580	31.69
（5）其他（必填）	86	4.7
本题有效填写人次	1830	

11. 贵企业是否新设了数字化转型管理部门？　［单选题］

选项	小计	比例（%）
（1）是	190	10.38
（2）否	1640	89.62
本题有效填写人次	1830	

12. 贵企业成立数字转型管理部门后，在数字经济建设方面的经费投入和工作设想。（请简述）　［填空题］

13. 贵企业在数字化转型方面有何重点项目或应用场景？［填空题］

14. 贵企业在数字化转型方面有何成果案例？（请简述）［填空题］

四　企业数字化转型政策需求

1. 贵企业是否关注国家及当地政府数字化转型的相关政策？［单选题］

选项	小计	比例（%）
（1）非常关注	388	21.2
（2）比较关注	722	39.45
（3）一般	513	28.03
（4）不太关注	172	9.4
（5）基本不关注	35	1.91
本题有效填写人次	1830	

2. 贵企业对政府促进数字化转型有什么诉求或建议？［多选题］

选项	小计	比例（%）
（1）提供数字化转型咨询与培训等	1178	64.37
（2）搭建企业与数字化转型服务商的合作平台	914	49.95
（3）支持建设数字化转型公共服务平台，降低企业转型门槛	789	43.11
（4）组织建设“企业上云服务平台”	327	17.87
（5）组织建设“信息安全服务平台”	221	12.08
（6）支持5G、工业互联网等信息基础设施建设	268	14.64
（7）加快数字中心建设	170	9.29
（8）其他（可结合自身需求简述）	81	4.43
本题有效填写人次	1830	

3. 贵企业对“十四五”期间江苏财政、税收、金融等政策支持本行业、本企业数字经济发展有哪些具体建议？［填空题］

参考文献

一　中文文献

钞小静：《以数字经济与实体经济深度融合赋能新形势下经济高质量发展》，《财贸研究》2022 年第 12 期。

陈爱东、宋爽：《以数实融合加快西藏社会主义现代化建设新征程——学习贯彻党的二十大精神》，《西藏民族大学学报》（哲学社会科学版）2022 年第 6 期。

陈曦：《推动数字经济与实体经济深度融合：理论探析与实践创新》，《人民论坛·学术前沿》2022 年第 24 期。

陈晓东、杨晓霞：《数字经济可以实现产业链的最优强度吗？——基于 1987—2017 年中国投入产出表面板数据》，《南京社会科学》2021 第 2 期。

迟凤玲：《以数字经济与实体经济的深度融合夯实国家产业基础》，《中国科技论坛》2023 年第 2 期。

杜金柱、吴战勇、扈文秀等：《数字经济与制造业高质量发展：影响机制与经验证据》，《统计与决策》2023 年第 7 期。

杜雪锋：《数字经济发展的国际比较及借鉴》，《经济体制改革》2020 年第 2 期。

郭斌、杜曙光：《新基建助力数字经济高质量发展：核心机理与政策创新》,《经济体制改革》2021 年第 3 期。

郭晗、全勤慧:《数字经济与实体经济融合发展:测度评价与实现路径》,《经济纵横》2022 年第 11 期。

郭晗:《数字经济与实体经济融合促进高质量发展的路径》,《西安财经大学学报》2022 年第 2 期。

洪银兴、任保平:《数字经济与实体经济深度融合的内涵和途径》,《中国工业经济》2023 年第 2 期。

胡西娟、师博、杨建飞:《数字经济壮大实体经济发展的机制识别和经验证据》,《经济问题》2022 年第 12 期。

胡西娟、师博、杨建飞:《中国数字经济与实体经济融合发展的驱动因素与区域分异》,《学习与实践》2022 年 12 月。

黄节根、吉祥熙、李元旭:《数字化水平对企业创新绩效的影响研究——来自沪深 A 股上市公司的经验证据》,《江西社会科学》2021 年第 5 期。

姜卫民、郑琼洁、巫强:《数字经济行业效率:测算方法、演进趋势及影响机制》,《财经问题研究》2022 年第 3 期。

金星晔、伏霖、李涛:《数字经济规模核算的框架、方法与特点》,《经济社会体制比较》2020 年第 4 期。

李杰、苏清兰:《数字经济促进产业结构升级的实证分析》,《现代管理科学》2022 年第 5 期。

李林汉、袁野、田卫民:《中国省域数字经济与实体经济耦合测度——基于灰色关联、耦合协调与空间关联网络的角度》,《工业技术经济》2022 年第 8 期。

李宗显、杨千帆:《数字经济如何影响中国经济高质量发展》,《现代经济探讨》2021 年第 7 期。

刘阳、修长百:《数实融合对产业结构转型升级的研究》,《科学管理研究》2022 年第 3 期。

刘亦文、谭慧中、陈熙钧等：《数字经济发展对实体经济投资效率提升的影响研究》，《中国软科学》2022 年第 10 期。

陆凤芝、王群勇：《数字普惠金融与金融服务实体经济效率提升》，《南开学报》（哲学社会科学版）2022 年第 3 期。

陆岷峰：《数字科技赋能实体经济高质量发展：融合优势、运行机理与实践路径》，《新疆师范大学学报》（哲学社会科学版）2023 年第 1 期。

陆岷峰：《新发展格局下数据要素赋能实体经济高质量发展路径研究》，《社会科学辑刊》2023 年第 2 期。

罗茜、王军、朱杰：《数字经济发展对实体经济的影响研究》，《当代经济管理》2022 年第 7 期。

马红梅、赵志尚：《数字普惠金融对中国实体经济发展的区域异质性影响研究：效果检验与传导机制》，《重庆理工大学学报》（社会科学版）2022 年第 5 期。

毛丰付、张帆：《中国地区数字经济的演变：1994～2018》，《数量经济技术经济研究》2021 年第 7 期。

欧阳日辉：《数实融合的理论机理、典型事实与政策建议》，《改革与战略》2022 年第 5 期。

戚聿东、褚席：《数字经济发展、经济结构转型与跨越中等收入陷阱》，《财经研究》2021 年第 7 期。

师博：《数字经济促进城市经济高质量发展的机制与路径》，《西安财经大学学报》2020 年第 2 期。

史丹、孙光林：《数字经济和实体经济融合对绿色创新的影响》，《改革》2023 年第 2 期。

宋鹏：《数字经济赋能实体经济增长的门槛效应研究》，《青岛科技大学学报》（社会科学版）2022 年第 4 期。

宋旭光、何佳佳、左马华青：《数字产业化赋能实体经济发展：机制与路径》,《改革》2022 年第 6 期。
孙杰:《从数字经济到数字贸易:内涵、特征、规则与影响》,《国际经贸探索》2020 年第 5 期。
田杰棠、张春花:《数字经济与实体经济融合的内涵、机理与推进策略》,《技术经济》2023 年第 1 期。
汪亚楠、叶欣、许林:《数字金融能提振实体经济吗》,《财经科学》2020 年第 3 期。
王琛伟:《数字经济和实体经济深度融合:核心动力、主要问题与趋势对策》,《人民论坛 · 学术前沿》2022 年第 18 期。
王开科、吴国兵、章贵军:《数字经济发展改善了生产效率吗》,《经济学家》2020 年第 10 期。
王儒奇、陶士贵:《数字经济如何影响实体经济发展——机制分析与中国经验》,《现代经济探讨》2022 年第 5 期。
王玉:《数字经济对中小制造企业转型的影响研究》,《经济社会体制比较》2021 年第 3 期。
吴非、胡慧芷、林慧妍:《企业数字化转型与资本市场表现——来自股票流动性的经验证据》,《管理世界》2021 年第 7 期。
谢康、廖雪华、肖静华:《效率与公平不完全相悖:信息化与工业化融合视角》,《经济研究》2021 年第 2 期。
谢露露:《数字技术和实体经济深度融合的产业政策:理论逻辑和体系构建》,《上海经济》2022 年第 5 期。
徐宏潇、马华秀:《世界经济数字化转型中的跨国平台垄断及中国应对》,《经济学家》2021 年第 6 期。
严武、万良伟:《数字经济对实体企业金融化的影响机制研究》,《江西社会科学》2022 年第 10 期。
易金彪、徐建新:《数字化变革如何影响城市创新——基于国家大数据综合试验区建设的经验证据》,《科学学研究》2023 年第

4 期。

张军、郭希宇：《数字经济与实体经济的交互影响及空间溢出》，《重庆邮电大学学报》（社会科学版）2022 年第 3 期。

张楷卉：《“十四五”时期数字经济与实体经济深度融合的创新机制》，《经济体制改革》2022 年第 4 期。

张明：《数字产业化、创新要素配置与实体经济转型》，《技术经济与管理研究》2023 年第 3 期。

张帅、吴珍玮、陆朝阳等：《中国省域数字经济与实体经济融合的演变特征及驱动因素》，《经济地理》2022 年第 7 期。

张于喆：《数字经济驱动产业结构向中高端迈进的发展思路与主要任务》，《经济纵横》2018 年第 9 期。

赵剑波：《数字经济高质量发展：理论逻辑与政策供给》，《北京工业大学学报》（社会科学版）2023 年第 1 期。

赵亮员、吕鹏、薛品、李振华：《以小“建”大：中小企业“数实融合”的新趋势与新特点》，《山东大学学报》（哲学社会科学版），2023 年第 2 期。

赵巍：《数字经济与城市对外贸易高质量发展——来自我国 284 个城市的经验证据》，《中国流通经济》2023 年第 4 期。

赵西三：《数字经济驱动中国制造转型升级研究》，《中州学刊》2017 年第 12 期。

郑琼洁、曹劲松：《数字经济与实体经济融合的基本逻辑及路径选择》，《江苏社会科学》2023 年第 1 期。

郑琼洁、姜卫民：《数字经济视域下制造业企业数字化转型研究——基于企业问卷调查的实证分析》，《江苏社会科学》2022 年第 1 期。

郑琼洁、王高凤：《人工智能对中国制造业全球价值链攀升的影响研究》，《现代经济探讨》2022 年第 5 期。

郑琼洁、王高凤：《人工智能技术应用与中国制造业企业生产率——兼对“生产率悖论”的再检验》，《学习与实践》2021 年第 11 期。

二 英文文献

Avi G. and Catherine T. , “Digital Economics, Journal of Economic Literature” , No. 57, 2019.

Banalieva E. R. and Dhanaraj C. , “Internalization Theory for the Digital Economy”, *Journal of International Business Studies*, Vol. 50, No. 1, 2019.

Barefoot K. , Curtis D. , Jolliff W. , et al. , “Defining and Measuring the Digital Economy”, *US Department of Commerce Bureau of Economic Analysis*, 2018.

Borremans A. D. and Zaychenko I. M. , Iliashenko O. Y. , “Digital Economy. IT Strategy of the Company Development”, MATEC Web of Conferences, 2018.

Bukht R. and Heeks R. ,” Defining, Conceptualising and Measuring the Digital Economy”, *Development Informatics Working Paper*, No. 68, 2017.

Bulturbayevich M. B. and Jurayevich M. B. , “The Impact of the Digital Economy on Economic Growth”, *International Journal of Business, Law, and Education*, Vol. 1, No. 1, 2020.

Ding Y. , Zhang H. , Tang S. , “How does the Digital Economy Affect the Domestic Value-added Rate of Chinese Exports?”, *Journal of Global Information Management*, Vol. 29, No. 5, 2021.

Dorofeyev M. and Kosov M. et al. , “Trends and Prospects for the Development of Blockchain and Cryptocurrencies in the Digital Economy”,

European Research Studies Journal, No. 3, 2018.

Hanna N. K., *Mastering Digital Transformation*, Bingley, UK: Emerald Publishing, 2016.

Holford W. D., "The Future of Human Creative Knowledge Work Within the Digital Economy", *Futures*, Vol. 105, 2019.

Jiang S. and Sun X. Y., "An Empirical Study on the Effect of Digital Economy on Real Economy", *Science Research Management*, Vol. 41, No. 5, 2020.

Johnson M. R., "Inclusion and Exclusion in the Digital Economy: Disability and Mental Health as a live Streamer on Twitch. tv", *Information, Communication & Society*, Vol. 22, No. 4, 2019.

Kolesnikov A. and Zernova L. et al., "Global Trends of the Digital Economy Development", *Opción*, No. 36, 2020.

Li K., Kim D. J., Lang K. R. et al., "How Should we Understand the Digital Economy in Asia? Critical Assessment and Research Agenda", *Electronic Commerce Research and Applications*, No. 44, 2020.

Management Science Informatization and Economic Innovation Development Conference (MSIEID), 2020.

Olbert M., Spengel C., "International Taxation in the Digital Economy: Challenge Accepted", *World Tax Journal*, Vol. 9, No. 1, 2017.

Plotnikov A. V., Kuznetsov P. A., Urasova A. A. et al., "Digital Economy: Data Analysis on the Context Advertising Market in the UK and the US", *International Journal of Civil Engineering and Technology*, Vol. 9, No. 11, 2018.

Popkova E. G., SergI B. S., "Digital Economy: Complexity and Variety vs. Rationality", 2020.

Q. Du, "The Generation Logic and Main path of Digital Industrialization and Industrial Digitization," *Reform of Economic System*, Vol. 39, No. 5, 2021.

Q. Lan and Y. Zhao, "The Development of Digital Economy Under the New Development Pattern of Double Circulation," *Theory Journal*, Vol. 38, No. 1, 2021.

Scholz T., "Uberworked and Underpaid: How Workers are Disrupting the Digital Economy", *John Wiley & Sons*, 2017.

Song J., Yuxin S., "An Empirical Study on the Effect of Digital Economy on Real Economy", *Science Research Management*, Vol. 41, No. 5, 2020.

Sternik S. G., Safronova N. B., "Financialization of Real Estate Markets as a Macroeconomic Trend of the Digital Economy", *Studies on Russian Economic Development*, Vol. 32, No. 6, 2021.

Tapscatt D., Agnew D., "Governance in the Digital Economy", *Finance & Development*, Vol. 36, No. 4, 2000.

Teece D. J., "Profiting From Innovation in the Digital Economy: Enabling Technologies, Standards, and licensing Models in the Wireless World", *Research Policy*, Vol. 47, No. 8, 2018.

Tong F. and Zhang G., "The Connotation Characteristics, Unique Advantages and Path Dependence of China's Development of Digital Economy", *Science and Technology Management Research*, Vol. 40, No. 2, 2020.

T. N. Yudina., "Digital segment of the Real Economy: Digital Economy in the Context of Analog Economy", *St. Petersburg State Polytechnical University Journal. Economics*, Vol. 12, No. 2, 2019.

Wang et al., "An Empirical Study on the Effect of Digital Economy on Real Economy", *Science Research Management*, Vol. 41, No. 5,

2020.

Watanabe C. , Naveed K. , Tou Y. , et al. , "Measuring GDP in the Digital Economy: Increasing Dependence on Uncaptured GDP", *Technological Forecasting and Social Change*, Vol. 137, 2018.

Wen T. and Chen Y. , "Research on the Digital Economy and Agriculture and Rural Economy Integration: Practice Pattern, Realistic Obstacles and Breakthrough Paths", *Issues in Agricultural Economy*, No. 7, 2020.

Xiao X. , "Research on the Integration of Digital Economy and Real Economy to Promote High-quality Economic Development", 2020.

Xu Guoteng et al. , "The Convergence Level and Influencing Factors of China's Digital Economy and Real Economy Based on Grey Model and PLS-SEM", *Journal of Intelligent & Fuzzy Systems*, Vol. 42, No. 3, 2022.

Xu G. , Lu T. , Liu Y. , "Symmetric Reciprocal Symbiosis Mode of China's Digital Economy and Real Economy Based on the Logistic Model", *Symmetry*, Vol. 13, No. 7, 2021.

Xu T. G. , Lu J. T. and Liu M. Y. , "Symmetric Reciprocal Symbiosis Mode of China's Digital Economy and Real Economy Based on the Logistic Model", *Symmetry*, Vol. 13, No. 7, 2021.

Xu Y. M. , Tao Y. T. et al. , "Review of Digital Economy Research in China: A Framework Analysis Based on Bibliometrics", *Computational Intelligence and Neuroscience*, 2022.

Yang Q. H. , Ma H. Z. et al. , "Research on the Influence Mechanism of the Digital Economy on Regional Sustainable Development", *Procedia Computer Science*, Vol. 202, 2022.

Yang X. , "Digital Economy: Economic Logic of In-depth Transition of

Traditional Economy", *Journal of Shenzhen University (Humanities & Social Sciences)*, Vol. 34, No. 4, 2017.

Yin Z., Gong X., Guo P., et al., "What Drives Entrepreneurship in Digital Economy? Evidence From China", *Economic Modelling*, Vol. 82, 2019

Zhang L. X., Wang C. J. and Xie M. L., "On deeply Integrated Strategy of Digital Economy and Real Economy in China", *Journal of Hangzhou Dianzi University (Social Sciences)*, Vol. 15, No. 5, 2019.

Zhang M. L., Chen M. S., "China's Digital Economy: Opportunities and Risks", *International Monetary Fund*, 2019.

Zhang W., Zhao S., Wan X., et al., "Study on the Effect of Digital Economy on High-quality Economic Development in China", *PloS one*, Vol. 16, No. 9, 2021.

后　记

党的二十大报告强调："建设现代化产业体系，坚持把发展经济的着力点放在实体经济上，推进新型工业化，加快建设制造强国、质量强国、航天强国、交通强国、网络强国、数字中国。"[①] 发展数字经济，特别是促进数字经济与实体经济深度融合，壮大实体经济与现代产业体系已经成为中国重要的经济工作任务。当前，数字经济发展速度之快、辐射范围之广、影响程度之深前所未有，正在成为重组全球要素资源、重塑全球经济结构、改变全球竞争格局的关键力量。加快发展数字经济，推动数字经济与实体经济融合发展，对培育高质量发展新动力、塑造国际竞争新优势具有重要意义。

2019 年，我有幸主持了国家社会科学基金青年项目"人工智能推动中国制造业全球价值链攀升的影响机理与路径研究"，为期三年半的研究为数字经济与实体经济融合研究奠定了一手资料和相关数据。2020 年后，又先后主持了"人工智能对江苏省产业发展的影响研究""推动南京数字经济与实体经济深度融合研究""江苏典型行业智改数转的发展模式与案例研究""江苏省'专精特

① 习近平：《高举中国特色社会主义伟大旗帜　为全面建设社会主义现代化国家而团结奋斗——在中国共产党第二十次全国代表大会上的报告》，人民出版社 2022 年版，第 30 页。

新’企业数字化转型研究”等课题，对数字经济与实体经济融合研究积累了一定案例和素材。其间，转化了6篇CSSCI论文，提交了相关调研报告5篇，获得了省市领导肯定性批示7项，部分建议直接转化为政策文件。2023年我又有幸主持国家社科基金一般项目“数智赋能专精特新企业高质量发展的影响机理与路径研究”，走访了72家“专精特新”企业，阶段性发放和回收问卷2078份，深入分析数智赋能“专精特新”企业高质量发展的内在机理，通过案例分析数实融合的典型事实，探究数智赋能不同行业、不同类型、不同阶段的“专精特新”企业发展的效果和路径，深化和拓展了数智融合领域的理论研究。下一步，将继续探索数字技术与实体经济融合所需要打通的堵点及其更好融合的逻辑与路径。

在此，特别感谢南京市社会科学界联合会、南京市社会科学院领导的大力支持，感谢各位专家的不吝赐教。曹劲松研究员、季文研究员等多次对本书给予了系统化的指导，中国社会科学院城市竞争力中心主任倪鹏飞教授、《群众》杂志副主编李程骅教授、南京大学商学院范从来教授等，为本书提出了很多宝贵的建议，在此表示衷心感谢。感谢江苏省工信厅中小企业局、江苏省工信厅研究院领导对课题思路、方法等诸多细节给予有价值的建议。感谢江苏省独角兽瞪羚企业俱乐部执行秘书长林倩在企业调研中给予引荐和对接。同时，感谢南京林业大学姜卫民博士在数据处理、问卷设计等方面提供的支持和帮助。

毋庸讳言，本书存在诸多不足，恭请各位读者批评指正。可以说，在数字经济与实体经济融合研究方面才刚刚迈出第一步，后期会持续关注该领域的研究，祈望以本书出版为新起点，在数实融合典型案例剖析、数实融合程度评估等方面有所突破。

郑琼洁

2023年9月于成贤街